【江汐淮流海潮风】

海陵东乡岁时
HAILING DONGXIANG SUISHI

张贵弛 著

苏州大学出版社
Soochow University Press

图书在版编目（CIP）数据

海陵东乡岁时 / 张贵弛著. -- 苏州：苏州大学出版社，2020.6
（江海文化丛书 / 姜光斗主编）
ISBN 978-7-5672-3153-5

Ⅰ．①海… Ⅱ．①张… Ⅲ．①风俗习惯—介绍—南通 Ⅳ．①K892.453.3

中国版本图书馆CIP数据核字（2020）第090356号

书　　名	海陵东乡岁时
著　　者	张贵弛
责任编辑	周凯婷
出版发行	苏州大学出版社
	（苏州市十梓街1号　215006）
印　　刷	南通超力彩色印刷有限公司
开　　本	890mm×1 240mm　1/32
印　　张	7.25
字　　数	181千
版　　次	2020年6月第1版
	2020年6月第1次印刷
书　　号	ISBN 978-7-5672-3153-5
定　　价	32.00元

苏州大学版图书若有印装错误，本社负责调换
苏州大学出版社营销部　电话：0512-65225020
苏州大学出版社网址　http://www.sudapress.com

"江海文化丛书"编辑委员会

主　任：周剑浩
委　员：李明勋　姜光斗　李　炎　季金虎
　　　　施景钤　沈启鹏　周建忠　尤世玮
　　　　徐国祥　胡泓石　沈玉成　黄建辉
　　　　陈国强　赵明远　王加福　房　健

总　编：尤世玮
副总编：沈玉成　胡泓石

"江海文化丛书"总序

李　炎

由南通市江海文化研究会编纂的"江海文化丛书"（以下简称"丛书"），从2007年启动，2010年开始分批出版，兀兀穷年，终有所获。思前想后，感慨良多。

我想，作为公开出版物，这套"丛书"面向的不仅是南通的读者，必然还会有国内其他地区甚至国外的读者。因此，简要地介绍南通市及江海文化的情况，显得十分必要，这样便于了解南通的市情及其江海文化形成的自然环境、社会条件和历史过程；同时，出版这套"丛书"的指导思想、选题原则和编写体例，一定也是广大读者所关心的，因此，介绍有关背景情况，将有助于阅读和使用这套"丛书"。

南通市位于江苏省中东部，濒江（长江）临海（黄海），三面环水，形同半岛；背靠苏北腹地，隔江与上海、苏州相望。南通以其独特的区位优势及人文特点，被列为我国最早对外开放的14个沿海港口城市之一。

南通市所处的这块冲积平原，是由于泥沙的沉积和潮汐的推动而由西北向东南逐步形成的，俗称江海平原，是一片古老而又年轻的土地。境内的海安县沙岗乡青墩新石器文化遗址告诉我们，距今5 600年左右，就有先民在此生息繁衍；而境内启东市的成陆历史仅300多年，设县治不过80余年。在漫长的历史过程中，这里有沧海桑田的变化，有八方移民的杂处；有四季分明、雨水充沛的"天时"，有产盐、植棉的"地利"，更有一代代先民和谐共存、自强不息的"人和"。19世纪末20世纪初，这里成为我国实现早期现代化的重要城市。晚清状元张謇办实业、办教育、办慈善，以先进的理念规划、建设、经营城市，南通走出了一条与我国近代商埠城市和曾被列强所占据的城市迥然不同的发展道路，被誉为"中国近代第一城"。

南通于五代后周显德五年（958）筑城设州治，名通州。北宋时一度（1023—1033）改称崇州，又称崇川。辛亥革命后废州立县，称南通县。1949年2月，改县为市，市、县分治。1983年，南通地区与南通市合并，实行市管县新体制至今。目前，南通市下辖海安、如东二县，如皋、海门、启东三市，崇川、港闸、通州三区和国家级经济技术开发区；占地8 001平方公里，常住人口约770万，流动人口约100万。据国家权威部门统计，南通目前的总体实力在全国大中城市（不含台、港、澳地区）中排第26位，在全国地级市中排第8位。多年来，由于各级党委、政府的领导及全市人民的努力，南通获得了"全国文明城市""国家历史文化名城""全国综合治理先进城市""国家卫生城市""国家环保模范城市""国家园林城市"等称号，并有"纺织之乡""建筑之乡""教育之乡""体育之乡""长寿之乡""文博之乡"等美誉。

江海文化是南通市独具特色的地域文化，上下五千年，南北交融，东西结合，具有丰富的历史内涵和深邃的人文精神。同其他地域文化一样，江海文化的形成，不外乎两种主要因素，一是自然环境，二是社会结构。但她与其他地域文化不尽相同之处是：由于南通地区的成陆经过漫长的岁月和不同阶段，因此移民的构成呈现多元性和长期性；客观上又反映了文化来源的多样性以及相互交融的复杂性,因而使得江海文化成为一种动态的存在,是"变"与"不变"的复合体。"变"的表征是时间的流逝,"不变"的表征是空间的凝固;"变"是组成江海文化的各种文化"基因"融合后的发展,"不变"是原有文化"基因"的长期共存和特立独行。对这些特征,这些传统,需要全面认识,因势利导,也需要充分研究和择优继承,从而系统科学地架构起这一地域文化的体系。

正因为江海文化依存于独特的地理、自然环境,蕴含着自身的历史人文内涵,因而她总会通过一定的"载体"体现出来。按照联合国教科文组织的分类,"文化遗产"可分为四类:即自然遗产、文化遗产、自然与文化遗产、非物质文化遗产。而历史文化人物、历史文化事件、历史文化遗址、历史文化艺术等,又是这四类中常见的例证。譬如,我们说南通历代人文荟萃、名贤辈出,可以随口道出骆宾王、范仲淹、王安石、文天祥、郑板桥等历代名人在南通留下的不朽篇章和逸闻轶事;可以随即数出三国名臣吕岱,宋代大儒胡瑗,明代名医陈实功、文学大家冒襄、戏剧泰斗李渔、曲艺祖师柳敬亭,清代扬州八怪之一的李方膺等南通先贤的生平业绩;进入近代,大家对张謇、范伯子、白雅雨、韩紫石等一大批南通优秀儿女更是耳熟能详;至于说现当代的南通籍革命家、科学家、文学家、艺术家以及各行各业的优秀人才,也是不胜枚举。在他们身上,都承载着江海文化的优秀传统和人文精神。同样,其他类型的历史文化也都是认识南通和江海文化的亮点与切入口。

本着"文化为现实服务,而我们的现实是一个长久的现实,因此不能急功近利"的原则,南通市江海文化研究会在成立之初,就将"丛书"的编纂作为自身的一项重要任务。

我们试图通过对江海文化的深入研究,将其中一部分能反映江海文化特征，反映其优秀传统及人文精神的内容和成果，系统整理、编纂出版"江海文化丛书"。这套"丛书"将为南通市政治、经济、社会全面和谐发展提供有力的文化支撑，为将南通建成文化大市和强市夯实基础，同时也为"让南通走向世界，让世界了解南通"做出贡献。

"丛书"的编纂正按照纵向和横向两个方向逐步展开。

纵向——即将不同时代南通江海文化发展史上的重要遗址（迹）、重大事件、重要团体、重要人物、重要成果经过精选，确定选题，每一种写一方面具体内容，编纂成册；

横向——即从江海文化中提取物质文化或非物质文化的精华，如"地理变迁""自然风貌""特色物产""历代移民""民俗风情""方言俚语""文物名胜""民居建筑""文学艺术"等，分门别类，进行归纳，每一种写一方面的内容，形成系列。

我们力求使这套"丛书"的体例结构基本统一，行文风格大体一致，每册字数基本相当，做到图文并茂，兼有史料性、学术性和可读性。先拿出一个框架设想，通过广泛征求意见，确定选题，再通过自我推荐或选题招标，明确作者和写作要求，不刻意强调总体同时完成，而是成熟一批出版一批，经过若干年努力，基本完成"丛书"的编纂出版计划。有条件时，还可不断补充新的选题。在此基础上，最终完成《南通江海文化通史》《南通江海文化学》等系列著作。

通过编纂"丛书"，我有四点较深的体会：

一是有系统深入的研究基础。我们从这套"丛书"，看到了每一单项内容研究的最新成果，作者都是具有学术素养的资料收集者和研究者；以学术成果支撑"丛书"的编纂，增强了它的科学性和可信度。

二是关键在广大会员的参与。选题的确定，不能光靠研究会领导，发动会员广泛参与、双向互动至关重要。这样不仅能体现选题的多样性，而且由于作者大多出自会员，他们最清楚自己的研究成果及写作能力，充分调动其积极性，可以提高作品的质量及成书的效率。

三是离不开各个方面的支持。这包括出版经费的筹措和出版机构的运作。由于事先我们主动向上级领导汇报，向有关部门宣传，使出版"丛书"的重要性及迫切性得到认可，基本经费得到保证；与此同时，"丛书"的出版得到苏州大学出版社的支持，出版社从领导到编辑，高度重视和大力配合；印刷单位全力以赴，不厌其烦。这大大提高了出版的质量，缩短了出版周期。在此，由衷地向他们表示谢意和敬意！

四是有利于提升研究会的水平。正如有的同志所说，编纂出版"丛书"，虽然有难度，很辛苦，但我们这代人不去做，再过10年、20年，就更没有人去做，就更难做了。我们活在世上，总要做些虽然难但应该做的事，总要为后人留下些有益的精神财富。在这种精神的支撑下，我深信研究会定能不辱使命，把"丛书"的编纂以及其他各项工作做得更好。

研究会的同仁嘱我在"丛书"出版之际写几句话。有感而发，写了以上想法，作为序言。

2010年9月

（作者系南通市江海文化研究会第一届、第二届会长）

目　录

前　言 …………………………………………………… 1
第一章　腊月黄天 ……………………………………… 1
第二章　新春正月 ……………………………………… 37
第三章　百花生日 ……………………………………… 64
第四章　清明时节 ……………………………………… 87
第五章　布谷声中 ……………………………………… 97
第六章　五月端阳 ……………………………………… 113
第七章　水乡芒种 ……………………………………… 129
第八章　七月流火 ……………………………………… 150
第九章　月到中秋 ……………………………………… 163
第十章　大冬小年 ……………………………………… 185

前　言

　　西汉王朝开国皇帝汉高祖刘邦分封诸侯，其侄刘濞被封为吴国，建都广陵。吴王刘濞以诸侯专煮海盐为利，开邗沟凿河通道以运盐，此即古上官运盐河之始。刘濞运销海盐获利甚厚，使其在免征封国民众赋税之后，仍"国用饶足"。古上官运盐河，自扬州茱萸湾迤东而下千余米，通海陵仓（泰州），复经海安，由发扬（立发）折弯向东南，及于如皋蟠溪。泰州、海安、如皋等沿河城镇遂因河而兴，商贾云集，舟楫往来，繁荣一时。

　　东晋义熙七年（411），分广陵郡置海陵郡。海陵郡辖建陵、临江、蒲涛、如皋、宁海五县。南朝宋泰始七年（471）析宁海县部分地域置海安县，属新平郡。南朝齐永明五年（487）新平郡废，海安县属海陵郡。不久后，海安县废，地域仍归属宁海县，宁海县恢复初建时境域。北周时，临江县省入宁海县。隋开皇初年（581），如皋县并入宁海县。唐朝初年，宁海县省入海陵县，结束其建制前后存续169年的历史。

　　东晋海陵郡所辖五县治所，大多可考。建陵县本东海属县，东晋时北民南迁，设此侨置县，县治在今东台市时堰镇西。海陵郡治建陵。海陵县于南齐时为广陵郡治，梁时划归海陵郡，海陵郡治始设海陵县，即今之泰州市。临江县治在今如皋市石庄镇南，故址已坍没江中。蒲涛县治在今如皋市白蒲镇。如皋县治在今如城镇。唐代，如皋县治在今海安城东镇立发村。清末翰林院编修如皋沙元炳《如皋立发桥碑记》：立发"县故鸟场，保大十年，改场为县，复晋旧名。亦越赵宋，海陵设监，移县以治"①。南唐武义间，分置如皋场，即在立发。此如皋场为买纳场，与镇同级别，非一般催煎场。保大十年，改如皋场为如皋县，恢复东晋时如皋县旧名，县治在立发。直到宋开宝中，海陵盐监从东台西溪移置如皋镇，如皋县治才从立发迁移至如皋镇，即今之如城镇。

民国《泰县志》卷五，地理：第十一区，海安：宁海废县，在县治东南，晋义熙中置，属海陵郡。隋属江都郡，以如皋县并入，唐初废。

历代典籍中，明确认定宁海县及宁海故城即今海安的除民国《泰县志》外，海安地方文献亦有载记。

清乾隆陈缜《城隍庙碑文》："天下都郡州县，必建立城隍神庙。而为王为公为侯为伯爵，爵秩亦因有等差……海安镇昔为宁海县，县废为镇，而庙如故，仍世享有司之祀，历有年矣。"②

清咸丰王叶衢《海安考古录》："海安县即古宁海县。""唐景龙二年……析置海安县，当即宁海县地。"③

唐开元十年（722），海安再次省入海陵县，上属淮南

---

① 《海安县志》编纂委员会：《海安县志》，上海：上海科学院出版社，1997年，第1001页。

② 翟厚才：《〈海安考古录〉校注》，苏州：苏州大学出版社，2014年，第188页。

③ 翟厚才：《〈海安考古录〉校注》，苏州：苏州大学出版社，2014年，第41页。

道扬州。五代至宋元明清时期，海安作为镇建制近千年均属海陵县（泰州）。民国初年，改泰州为泰县，海安为泰县第十一区。

民国三十二年（1943），海安韩国钧先生拒任伪职，以身殉国，新四军代军长陈毅诗以赞之："海陵胜地多人杰，信国南归又见君。"[①]苏中行政公署为纪念韩国钧先生设立紫石县。民国三十七年（1948），改紫石县为海安县。

如皋县建制历千余年未有大的变动。隋朝开皇九年（589），如皋县并入宁海县，隶属于扬州总管府（605年改为江都郡）。唐朝大和五年（831）设置如皋场，隶属于泰州。北宋初，如皋县隶属于淮南东路泰州军。元代，如皋县隶属于扬州路泰州府。明代，如皋隶属于扬州府泰州。清朝雍正二年（1724），如皋县隶属于通州，上属扬州。民国二十九年（1940）秋，新四军东进海安，建立红色政权，将原如皋县分设如西县和如皋县（如皋东乡）。民国三十年（1941）起，如皋县隶属于苏中第四行政区。民国三十四年（1945）秋，如西县复名为如皋县，如皋县易名如东县。

海安、如皋、如东古为海陵属地，故书名统称三县市为海陵东乡。

地质学上的蜀冈山脉自扬州向东，由泰州而海安，其余绪经李堡直至角斜。李堡古称赤岸，即因东西向一段呈赤色的高岸而名之，这段赤色高岸即为蜀冈余脉，角斜之得名，亦因此高岸向东如尖角般斜插海滨。古上官运盐河即沿蜀冈余脉开凿，河南地区临江，故如皋等高沙土地区斯为古长江泥沙淤积而成，河北地区为里下河水网湿地，属淮河流域。长江水系与淮河水系以上官运盐河而分之，因此，上官运盐

[①] 海安县史志办公室：《海安县文史资料选辑》，1980年，第67页。

河除运输功能外,还兼有调剂江、淮两大水系的作用。运盐河以东地区,即今如东县区域,沿黄海之滨南北逶迤,长达千米,则多受海风熏陶。书名副题乃为"江汐淮流海潮风"。

第一章　腊月黄天

雪花飘飘，馒头烧烧

"西北风没婆娘，马上回家烧夜饭"，这是海陵东乡如皋海安农村老奶奶一到寒风刺骨的大冷天，说给小孙子小孙女听的话，果真挨到傍晚辰光，呼呼吼叫了一整天的西北风就停了。前脚风一歇，后脚就有一些雪花飘落下来，起初还像几缕飞絮，稀稀落落，飘飘洒洒的，不知不觉间，雪就下大了，远望田野已是一片白茫茫了。老奶奶自己也忙着坐到锅堂口添草烧夜饭了，顺手将几块切成斜角状的条糕馒头用火叉送到灶膛火堆边上，一忽儿功夫，馒头就烤热了，在围裙上拍拍草灰，递给早在一边等待的小孙子小孙女，孩子们捧着皮子上烤出许多金黄色小泡泡的烫手馒头，一哄而去。这时候，年味儿就渐渐地浓了。

民以食为天，在20世纪80年代之前，农家春节自然以吃饱吃好为第一，因此，在平常饮食以粗粮为主的海陵东部地区的农村，过年蒸馒头便是头等重要之事。当地人家平常三餐一般是早晚稀饭，中午干饭，以玉米糁儿或大麦糁子为主，来了客人则在饭锅边插上一把米，煮成一碗米饭待客。全年仅在年前蒸一次馒头，因此，数量较大，一般人家都要蒸上三两百斤小麦面粉，外加部分元麦、玉米、芦稷屑，此地通称面粉为屑。富裕人家一次蒸上千斤的也有，馒头切成片晒干，存放在绿釉洋坛里，一直可以吃到来年夏天新麦上场。

在农村没有机电设备前，磨小麦便是年前进入腊月之后，农家最费力之事。先要打磨，经过一年使用，石磨都已经磨钝了，需要请打磨匠铣磨，这个"铣"字很形象，与机械加工中的铣床工作原理一样，打磨匠用钻子将磨道磨齿重新依次铣一遍，称为"铣龙沟"。打磨匠一般是山东人，肩上背了个小布包袱走村串户，口里喊着："打磨！"主家听见了，就喊他过来。一般一堂石磨要铣半天，中晚饭就在主家一起吃，主家也不买菜招待，用黄豆换块豆腐，或者挑把菠菜，炒点鸡蛋。

打磨匠力气很大，多大的石磨也是一个人把上爿磨片翻开拿下，然后解开小布包袱，铣磨工具是一把五寸长的小铁锤，特点是锤大柄小，锤面闪光锃亮。此外，就是大小三把钢钻，再无他物。20世纪80年代前，铣一堂磨工钱约在八角至一元以内，与一般农村瓦工木工工钱差不多。如果天天有磨铣，一个月的工钱也相当于城镇工厂里的技术工了，只是铣磨一般在腊月前后生意才多些，平常较少。

磨铣好了，下一个该准备的就是绷罗筛了。磨小麦一般要过两道筛，头磨下来，用细竹筛过下粗麦麸，然后上磨再磨，再过筛就需用小罗筛了，罗筛筛下的就是面粉，过下的细麸可以用来洗面筋，也有人家将细麸再上磨，和在面粉里一起蒸馒头的，但蒸起来的馒头较黑，口感也较粗，当饱充饥还是可以的。罗筛面料是丝织的，容易坏，因此，必须年年换。绷罗筛的大多是细竹篾匠，挑着一副竹担子，一头是竹锯、斫刀等工具，一头是竹段、篾片，扁担头上套着一只半成品罗筛框，老远就知道是绷罗筛的。绷罗筛也就一支烟工夫，因为要换的只是纱布,罗筛框一般很少坏的。工钱也很便宜。

江淮东部地区很少养驴马等牲畜,磨磨除磨蚕豆粉用牛拉磨以外,大多是人工牵磨,里下河地区也有用车水风车拉磨的,但因受风力影响,使用者不多。因此,每年磨小麦,必是全家上阵,男人牵磨,女人拗磨,老太筛屑,小孩吊在磨担边上一起用力拉。几百斤小麦起早带晚也要磨个几天。

腊月十几,就要约请调酵(念作"告")师傅了。调酵师傅按主家住址定日子,因为调酵师傅要将几家住在一起或距离不远的人家发酵日子排在一起,以便他依次作业,好随时就近观察发酵程度。调酵师傅唯一的工具是一只口径约为一米的浅底敞口大陶缸,俗称撒缸,几个主家靠在一起,也便于陶缸搬运,一般都是下家临时到上家去抬。调酵师傅约好了,就是请笼了。一般一个自然村有一家人家打笼。一桌笼十扇或十二扇笼屉,加上笼头、汽锅,全部由杉木打制。请笼也须定日子,一般与调酵师傅联手,由调酵师傅确定先后时辰。打笼人家过年就不须蒸馒头了,请笼不作兴给钱,馒头蒸好后,还笼时根据所蒸馒头大致数量,一般随上两条长糕,八个馒头就可以了,俗称"回笼",一个自然村几十户人家所回馒头,总计下来就不少了。调酵师傅的报酬也是如此。

蒸馒头先要发酵,酵头是上年蒸馒头时留下的,已成酵干,俗称"酵饼",压碎用温开水泡开,和在冷透的米粥里,盛在一只陶钵中,称为"投酵",此为子酵,发一个晚上,第二天再煮上一小锅米粥,冷却后倒进发酵陶钵中,称为"接酵"。几个时辰之后,发酵师傅看看陶钵中酵粥开始渍泡,酵头发得差不多了,便开始和面调酵。先将面粉倒进大撒缸,堆成山形,中间留口,然后将酵粥倒进,再加水和面。和面既是技术活,也是力气活,过去没有和面机,几百斤面粉全靠调酵师傅两只手。调酵师傅脱去外衣,里衫袖子卷到肩头,光着膀子,两手握成拳头,使劲向面团里揣,故调酵也称"揣酵"。一团面粉总要揣上几百下才算事。此团面粉和好了，调酵师傅双手沾一下水，随即将面团抱起，放进一只大洋坛里。如此重复，直到将主家所有面粉和好为止。几块面团揣下来，调酵师傅早已是满头大汗，浑身上下冒热气。大洋坛只能放三分之一面团，要留下发酵空间，一般几百斤面粉总要准备几只洋坛，也有用箩口粗储水缸的。缸坛口上盖上旧棉被，周围也用几条棉被壅严实，外面再堆上一层稻草保暖，等待数小时发酵。寒冬腊月，外面滴水成冰，一般发酵要一天以上，估计时间差不多了，发酵师傅会来查看。发酵期间，主家大门虚掩，一是挡风保暖，更重要的是防外人，特别是此时身上不干净的邻家女人闯进，此为大忌。主家总要在圣柜上点上一支香，求神灵保佑发酵成功。发酵不成功直接影响馒头质量，要么发酵过老，蒸出来的馒头坚实发黑，俗称"石蛋子"，要么发酵过嫩，蒸出来的馒头扁塌不成型，俗称"堂锣"。出现上述情况，主家今年这年算是过糟了！蒸馒头发酵如果一切顺利，主家则认为预示来年一定会"发"！

　　酵发好后，立即进入主要程序——蒸馒头。师傅将洋坛内的面团分块搬上面案，切成条状，然后将条状面团在面案上滚一滚，稍稍一拉，放入已铺好编织笼垫的笼扇内，一扇笼可放五条，四条顺放，一条横放，顶头空档再放上一只圆馒头。蒸熟后，馒头约40厘米长，约13厘米宽，称为条糕，或糖糕。一般一桌笼内至少要有五六扇笼蒸条糕，做条糕要比做圆馒头来得快。圆馒头一般要包包心，大多以萝卜丝、咸菜为主，讲究的咸菜里加肉丁、干虾米，或包糖、包豆沙、包芝麻。边做馒头边上笼。上笼前，先要烧气锅，在大锅边沿围上一条粗大的蒲草编成的草辫，一是使笼底一块中心开了圆孔的方形木板安放平稳，此木板即为气锅，上面安放全部蒸笼。水烧开后，蒸汽便从气锅中间圆孔中向蒸笼内传

蒸馒头

送。二是围绕锅沿,使蒸汽不至外泄,满锅水开翻滚时也不会外溢。此时,大锅内水已烧开。等十扇笼都上好,即正式开始烧火,俗称"打笼锅"。打笼锅火候很重要,中途不能熄火,或火头忽大忽小。平常烧饭炒菜用的稻麦草不行,必须用半木质化的棉花秸、黄豆秸等耐烧且火力大的柴草,这是主家早就准备好了的。打笼锅的一手添草,一手拉风箱,这些秸秆草在锅膛里烧得呼呼作响,火力很猛,就像主家此时的兴奋心情。打笼锅开始,调酵师傅总要在灶头点上一支线香,一是求灶王老爷保佑,二是计算时间。打笼锅期间绝对不能忘记"救锅",即向大锅内添水。一旦忘记"救锅",轻则烤焦编织笼垫,馒头有烟气味,重则烧坏蒸笼,那就麻烦大了。

　　时辰到了,调酵师傅大声喊:"拉笼!"随即踏上灶边高凳,抽下顶端第一扇蒸笼,双手端给在一旁接笼的主家,此时满屋水蒸气立即弥漫开来。主家端着装满白花花馒头的蒸笼,快步冲向屋外晒场上早已架好的竹箔,将蒸笼翻扣,倒下馒头,随手乘热撕去笼垫,屋外寒气逼人,馒头很快冷却,笼垫撕得慢,就要扯掉馒头皮了。

第一批馒头蒸好,第二批蒸笼又上锅了。如此循环往复,一般人家有个三四批,也就差不多了。最后一笼一般是蒸些"黄猫",多以芦穄、黏玉米、元麦等面粉做成,也拉成条糕状,但比面粉条糕短些、瘦些,芦穄屑蒸起来呈暗红色,黏玉米屑则发黄,元麦屑发黑,因形状大小颇像黄鼠狼,本地人叫黄鼠狼为"黄猫"。"黄猫"都是给家人吃的,再穷也不能用来待客,即便家里,小孩也不吃的,因其口感粗粝,与白面馒头不可比。最后一笼内,如果有老奶奶在场,一定还会用剩余的面团捏成一条鱼,手巧的更会捏成一只小兔子,用赤豆嵌成两只眼睛,放在笼里蒸,第二天一大早,小孙子醒来就能拿到一条白胖胖的馒头鱼或者馒头兔,其欢天喜地之情可想而知,年未到,乐已至。

馒头蒸好,接下来还有后续事情,待条糕冷却,须切成斜角块状,放入洋坛内贮存。一部分切成片状,晒成馒头干,可以保存更长时间,留待来年青黄不接时食用。烧菜汤蒸馒头干又是另一番农家风味。

一家馒头出笼结束,调酵师傅赶紧回家眯一会儿眼,下家到上家挑笼继续蒸馒头。

晒馒头干

上 街

进城办年货,海陵东乡俗称"上街"。所谓街,大多是距离所住村庄一般也就数百米,至多千米地的乡村集镇。这些集镇一般总有东西约百米长一条黄麻石铺成的石板道,

买年货

两边青砖小瓦店铺沿街排闼,街虽不大,却是五脏俱全,大凡日用杂货、南北干鲜,都能买到。所有店家,都在此前早早从外面进足了货,等着年节大发利市,因此,乡下人采办年货也就无须赶远路到县城去了。

乡下人上街大多是步行,肩上扛着一根绕了"8"字形几圈细麻绳的小竹扁担,预备回程时挑年货。如果小孩哭着闹着要跟路,则推了一辆独轮车,小孩坐在小车一边,车身稍微侧斜着往前推。回程时,一边是年货,一边坐小孩,车身虽重,却平衡好推多了。20世纪70年代,自行车开始在农村普及,永久牌加重自行车成了上街的主要代步工具,车后衣包架旁挂着一只竹编的方筐,海安东路人俗称"虾箩",用于装载年货。海安里下河水乡人上街,则大多是摇一条小木船。几乎所有的乡村集镇都是傍河而建,旧时运输大宗货物都是走水路的。大约距离街头尚有节把田,就能听到集市叫卖声了,除了店家小伙计的叫卖声外,最入耳的是铁匠铺叮叮当当的打铁声,其次是烧饼店伙计噼噼啪啪用小擀杖敲打案板的声音,往往应了这声音,就是要购买的东西。跟路上街的小孩缠着大人要买了吃的第一种食物就是烧饼。

海陵东乡用稻草烘烤的草炉烧饼出了名的又酥又香,烘烤这种烧饼并非常见的桶炉,而是一只好像高高倒扣着的大水瓮,腰身上开了个洞,烧饼师傅往炉壁上贴饼时,须从炉口伸进半个身子,往上依次贴,炉下面烧着稻草,满满的稻草香。炉火看上去氤氲得不旺,炉内温度却很高,当学徒的没有手膀子不被烫出几个疤来的。海安雅周庄的草炉烧饼是镇上一绝。

东乡人重礼数,上街置办年货,首要任务是采买年礼。女婿给丈人家送年礼,是一年中最重要的礼节,因此特别重视,至少需六至八样。两条大花鲢,一只大蹄髈是必备的。接下来便是到糕点茶食店包茶食。一般是京枣、雪枣各二包。所谓枣,其实是糯米粉做成的茶食果子,东乡人统称糖果儿。加红糖称为京枣,加白糖称为雪枣。茶食店伙计包茶食包是学徒基本功,一般先用油纸包里层,再用白绵纸包外层,包成圆柱状,顶端折封,加上一张印有吉祥如意及茶食店广告商标的玫红方块纸,扯下一根悬在柜台上方的细纸绳,将茶食包扎好。此外,还需麻饼、云片糕。麻饼铜钞大小,面粉做成,裹了芝麻,故称麻饼。店家用篾条编成的小篮盛装,上面也盖了玫红纸。云片糕则是包装好的条形成品,一般要两条。以上是年礼必需茶食,客气些再加上花生糖、芝麻糖这两样。如果丈人家还有高寿老人,则需要专为老人买些八珍糕之类的松软滋补茶食。如皋董糖很好,据说是水绘园董小宛首创的,酥香可口,很受高龄老人喜欢。据清光庚寅年《崇川咫闻录》云:"董糖,冒巢民妾董小宛所造。未归巢民时,以此糖自秦淮寄巢民,故至今号'秦邮董糖'。"[1]明亡,冒辟疆(巢民)偕董小宛归隐如皋水绘园。海

---

[1] 杨典:《女史》,成都:成都时代出版社,2015年,第215页。

买茶食

内名流,常集是园,诗酒唱和。小宛制酥糖飨客,其味佳美,为客称道,遂以流传。其特色是入口易化,酥松香甜,食之口齿留香,回味久长,营养丰富,老少皆宜,300余年来誉满大江南北。

茶食中还必须有红糖、红枣各一包,虽属南北货,茶食店内一般也配齐的。这两样一般是为回礼用的,女婿送丈人8样年礼,丈人一般只收6样,两条鱼中要回一条,大家都年年有余。另一样不是红糖就是红枣,随意。如果女婿送的是10样,则一般要回4样,再加上一条云片糕就行。

年礼中的重头戏是烟和酒。往年烟无须花多少钱,老人多吸水烟,因此,四方"青条"就行,"青条"产自甘肃,因此,上面印了"甘"字的为最好,一级品,其余次之。女婿要面子,总是言明了要"甘"字的。现在没人抽"青条"了,烟要买卷烟了,原先几包"飞马""大前门"就很不错,现在至少一条"南京",讲究些的还有买"中华"的。酒也如此,以往大多是烧酒两瓶,海安大曲或如皋大曲;陈酒两瓶,海安糯米陈酒或冰雪酒;如皋陈元酒;如皋、如东南部地区也有送家酿黄酒的。黄酒就不论瓶了,而是以坛装,一般总要送两坛。20世纪80年代,时兴"双沟大曲""洋河大曲",现在年礼送酒,一般总要海安"品王"以上,讲究的则要洋河"天之蓝""海之蓝"系列了。

孝敬老丈人的年礼办好了,接下来就是敬菩萨所需了。同样首要的是斫肉,敬菩萨必须用夹心肉,斫成长条,大约重一斤二两，顶头切一个小口，穿上一根茅草细绳，打个结，与平常称肉不同的是，斫肉师傅还另外切一小块肉，扣在草绳上，称之为搭卯，这一习俗陈年相因，也不知是何典故出处。旧时富人家年节敬菩萨也有讲究"三牲"的，因此，就需采买猪头，将猪尾巴塞在猪嘴里，表示有头有尾，就是敬的全猪了。

敬菩萨的鱼一般也是花鲢，鱼嘴里插上裹着红纸条的柏树枝。海安东路及如东沿海地区则用海鲻鱼，选用约尺把长的4条鲻鱼排在盘子中。这种中小型鲻鱼，如东人称之为橡子鱼，好像是专用祭品，几乎所有祭敬场合，都用橡子鱼。

敬菩萨要请菩萨纸，即纸马，这也是上街主要任务之一。有专门的香烛纸品店，也有沿街临时摆摊的，被称为"卖红货"。总在腊月初头，这些店铺摊位就开始有主顾了，进入二十数夜之后，则是老板伙计均三顿顾不上嘴的大忙时期。菩萨纸不能说买，要说请，花花绿绿，种类繁多，随主家选请。儒、释、道三家主要菩萨、天师、仙家、圣人都要请到。一般人家必请的有南海观世音、福德正神、三官上帝、

菩萨纸马（一）

第一章 腊月黄天

菩萨纸马（二）

灶君纸马

梓童文昌帝君、大圣国师王、五路财神、地藏、关帝、天地、龙王、太岁、本命、日宫、月宫、雷主、玄坛、将相公候、招财利市等，也有将各路菩萨神仙都缩小集中到一副菩萨纸上的，被称为家堂，图省事的或怕自己选请时遗漏了的就请一张"家堂香火列位高真"。这些菩萨纸都是木版刷印，一般都要彩色套印。也有先用木版印制黑色线条，然后人工彩笔描绘填色的。百年老店用祖传老版印制的菩萨纸，造型古拙，色彩斑斓。这些纸马中尚有一些与居家生活及农事密切相关的题材。如贴在厨房间的"司命灶君"，贴在牛棚上的"牛栏之神"，贴在井圈上的"井泉童子"，贴在猪舍的"猪栏之神"，等等。如皋、海安所出纸马中比较特别的是"司命灶君"，能"与时俱进"，随着时代变化而不断翻新造型。灶君恐怕是下界菩萨中职位最小的一位了，常年待在主家灶头，烟熏火燎，监视主家言行。直到腊月二十四才上天述职，隔夜又回。传统灶君纸马造型是灶君老爷端坐中央，下面几个童子围绕嬉

买春联　　　　　　　买灯笼

门　神

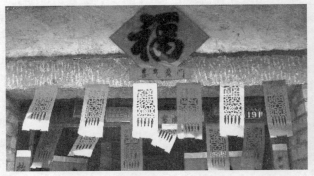

喜　笺

戏于前。20世纪50年代后期，灶君纸马上出现了"大跃进"内容，童子换成了扛着铧犁牵着耕牛的青年农民，最前面儿童打着的三角小旗上刻印着"'大跃进'万岁！"的字样。80年代初期，原先扛铧犁的青年则开起了拖拉机，小旗上的字样也变成了"实现四个现代化"，这样的古今结合、似乎有些不伦不类的"司命灶君"也很受乡人欢迎，家家户户灶头上都要贴一张的。纸马中还有一种较为特殊，人们称之为"叭蜡老爷"，读如"蚂煞老爷"，是专为镇压蝗虫的，农民怕虫灾，故需在年节敬此神。

菩萨纸请好了，还需买些大红纸，以便回去请人写对联。一般就买普通红报纸，也有选挑一些梅红洒金蜡笺之类高级纸品的，这是店里专为少数特别讲究的富裕人家或者文化层次较高的书香门第准备的。香烛店里也有一些已写好的对联卖，但买的人不多，过去讲究堂号门望，一般人家总要写一些切合自己姓氏家风及新年愿望的联辞，不如买红纸自己写或请乡邻写方便。20世纪80年代之后，出版社印刷对联上市，印制精美，内容也丰富许多，则大多买印刷品对联了，况且如今乡下会写一手漂亮毛笔字的人也不多了。也有买一副门神年画代替春联的，以前门神跟菩萨纸一样，都是木版套色刻印，内容一般是"神荼郁垒"或"秦叔宝尉迟恭"及"钟馗"等，后来出版社旧瓶装新酒，曾创作出版过一些"提高警惕，保卫祖国"等现实题材的门神年画，好像也有人买。现在出版社所出印刷品门神则又回复到传统内容了。

喜笺，一种贴在门楣上的深红色刻纸，长约20厘米，宽约15厘米，满幅刻有细密花纹图案，如喜鹊登梅、鲤鱼跃龙门等。图案中间刻着福字或喜字，也有每幅单刻一个字，组成一句5字吉言如"家和万事兴"等样式，5幅组成一副。海陵东乡民间剪纸艺术，除少数绣品花样之外，就只有喜笺一种了，并且不是剪刀剪出来的，而是刻刀在蜡盘上刻出来的，有专门刻喜笺的家庭作坊，供应周边集镇香烛店春节售卖。年节时，家家户户大门上对联红艳，门楣上喜笺轻飘，立时营造出家宅兴旺、喜气盈门的节庆气氛。喜笺还有一个特殊作用，即暗示路人，此人家在守孝期间。家中有老人过世，第二年贴绿色喜笺，第三年贴黄色喜笺。另有一种大型喜笺，长约1米，宽约60厘米，较之门楣喜笺，所刻图案更为繁密复杂，中间文字部分则改为人物故事图像，如八仙过海、和合二仙或刘海戏蟾等，具有相当的艺术价值。这种喜笺，一般粘贴悬挂在堂屋圣柜前二梁上，主要起装饰美观作用。20世纪90年代之后，海陵东乡农村住房已大多改建成楼房，没有了二梁，这种富含非物质文化遗产价值的大型喜笺已经绝迹，也没有人会刻制了。

在香烛店最后一项任务是"请香"，即购置香烛鞭炮。一般人家没有特殊要求，香为散装普通把香就可以了，8支线香用小红纸条扎成一支，5支组成一把，用红纸包裹，需请多少把主家随意。红蜡烛一般请两根大烛，讲究人家要请红烛上面塑了龙凤图案的龙凤对烛，是敬菩萨用的。两根普通红烛，是除夕敬祖用的。若干几寸长的小拜烛，为上元节插灯笼专用。鞭炮一般请两种，一为两响的天地炮，5根一扎，总要请上三五扎。一为百子鞭，一般也需请上三五条。鞭炮配套使用，一般先放一根天地炮，后点鞭炮。21世纪以来，人们除购置传统鞭炮外，也购置各种五彩缤纷的礼花，除夕夜交子时竞相鸣放，蔚为大观。

中华人民共和国成立后，各镇均有新华书店。每到年节之前，新华书店内人潮涌动，人们争相挑选购买年画，这在相当长的一段时间内成为新年俗之一。

年画品种很多，总在几十种以上，并且每年均会推出几种知名画家新创作的年画作品。出版社将这些年画作品先印成16开缩样，汇订成册，发至各地书店看样订货，然后根据每种作品大约定量印制，印量很大，一版总要在几十万份，成为出版社当年出版业务的主要营业利润来源。新华书店各门市部在腊月初即将刚到货的年画样品密集悬挂张贴在店堂内，每张年画样品下标有号码，顾客选中哪几张年画，只要分别报上样品号码，营业员就会迅速从堆叠如山的年画中抽出，哗哗卷成一卷，用粘上浆糊的小纸条拦腰一裹，交给顾客，前后也就分把钟时间。

年画《许仙和白娘子》

尽管每年年画新品种很多，但销量较高的似乎仍然是几张传统的名画，如金梅生、李慕白等在民国时期就出名的月份牌画家的作品，这些老画家将传统月份牌美人画技法运用到年画上取得很好的效果，受到人民群众普遍喜爱，如《许仙和白娘子》等年画，除"文革"时期外，几乎总是排在每年各地书店年画销量前列。此外，一些有丰富故事情节的连环画式四条屏也颇受人们喜爱，如《杨门女将》等，因四条屏形式年画契合中国传统家居布置，一般张挂在堂屋东西两壁，因此，销量也很大。新创作的年画因内容的新颖，也受到人们的喜爱。

"文革"时期，中堂年画全部以毛主席标准像取代。东西两壁四条屏则以"样板戏"为主。其余年画除以"样板戏"人物剧照为主外，也有部分反映"文革"内容的宣传画图片。这一现象持续约十年时间。

20世纪80年代初期，电影明星剧照年历画一度成为年画中的畅销品种。传统历书俗称老皇历，清代称时宪历书。

献哈达年画

20世纪50年代年画　　　样板戏年画（一）

样板戏年画（二）

民国时期开始流行一天撕一张的挂壁式日历,历书豆腐块大小,订在长约尺余的硬纸板上,硬纸板印有美人图,上海人称之为月份牌。"文革"结束后,文艺复苏,涌现出了一大批优秀电影,主演这些电影的演员成为人们心中的偶像,于是出版社便以这些明星演员为模特,大量印制上部为演员肖像或剧照,下部为本年度日历的年历画,成为年画的一个崭新品种,极受人们欢迎,一时销量很大。刘晓庆、陈冲、张瑜、丛珊等演员多是这些年历画的肖像或剧照主角。这种单页年历画后来被印制更为美观的挂历所代替。挂历因其容量较大,故内容丰富许多,山水风景、名胜古迹、传世名画等都可印制,一度大受欢迎,成为家家户户春节必备年画新品种,一些印制特别精美的挂历甚至成为人们节前相互转赠的礼品,一些企业也大量定制挂历,作为单位福利和企业形象宣传品。21世纪以来,挂历逐渐消温,现在已很少见。

20世纪80年代,年画创作、出版、销售达到高潮。进入新世纪,人们的居住条件大幅改善,大多居住在装潢精美的楼房套间,年画失去了生存空间,出版社已不再印刷出版,书店也无销售,至此,年画销声匿迹。城里人甚至连对联都少有人贴,春节期间至多在一边单开的金属防盗门上贴一张福字。一般农村家庭虽住楼房,但底层大多还保留堂屋构架,大门也都是双开的,因此,对联、中堂年画还是要贴的。随着手机的普及,人们查看日期很方便,也已不再使用历书历画。

年　菜

年菜一般从腊月十几就开始准备了,因为有一些腌腊、风干荤菜需要至少十天半月时间才能做成。准备年菜最大的一项基础工程是杀猪,海陵东乡人称之为杀年猪。一般农家都养了一两头猪,主要是为了集聚农家肥,20世纪50年代起,农村流行一句口号"猪多肥多粮多",动员家家养猪。即便是合作化之后的人民公社时代,农民自家养猪的习惯仍被保留,成为少数允许存在的家庭副业之一,因为集体农田也缺肥。这些家养肥猪成为农家年节期间主要的荤菜来源。

杀猪也是一项技术活,一般总要请了杀猪匠操刀,也有一些邻家村民,会临时请来或主动赶来帮忙打下手。屠宰技术中最关键的一项是放血,必须准确无误,一刀点到!否则血放不尽,整爿猪肉就欠鲜嫩,口感很差。因此,一些农村巧手农民,尽管什么活计都能拿得起,唯独杀猪放血没敢试。海陵东乡农村杀猪,有一个传统技法:吹气。先将猪用和了少量凉水的开水烫过,刮去猪毛之后,在一条后腿蹄部割一条小口,然后用嘴对准小口大量向里吹气,直到把猪吹成一只胀成圆鼓鼓的大肥猪,才将切口用细麻绳扎上。此时,打下手的村民便在鼓胀紧绷的猪皮上再用铁皮刨刮去所有粗细猪毛。据说吹气不但能方便刮毛,对猪肉口味的提升也有一定影响。海陵东乡人都喜欢吃连皮猪肉,因为经过了吹气加工的这种连皮猪肉口感不一样。肉品联合加工厂生产的猪肉不管是连皮还是去皮,都没有吹气这一工序,因此,城里人是吃不到乡村这种年猪的独特口味的。

杀猪匠先将猪头、猪尾割下,然后剖开猪肚,取出全部下水杂碎,分别理开,再在背脊处大刀劈下,将猪肉分成两爿。至此,杀猪匠工作算是全部完成,将大小几把刀洗净擦干,脱下罩在身上的油迹斑斑的围裙一包,接过主家交付的工钱,赶赴下家。如果已到饭时,则要在主家挽留下吃过顺便饭再走。杀猪匠如果觉得叨扰了,便额外多做些事,问明了主家需求,将猪肉分别为之切割,如两只蹄髈总要大刀斫好,如果一只送礼,一只留家腌咸肉,则要帮着把留家的那只剔了大骨。前夹心、后夹心、肋条等也可为之斫好备用。

主家如果有小男孩,此时他就有了新玩具,杀猪匠会将猪尿泡从下水中特别摘出洗净,吹足气,然后扎口,拴上一根线,成为一只滚圆的气球。惊喜之余,小孩会拉着轻飘飘的"气球"满地跑。

杀年猪仅次于蒸馒头,成为海陵东乡人家年前准备工作的第二大重头戏,馒头蒸了,年猪杀了,这个年节就可以过得很像样了。

杀年猪这一年节习俗曾经中断将近30年。20世纪50年代开始实行计划经济"统购统销"政策,农家不允许私自宰杀自养生猪,必须统一交售到食品收购站。农民为了卖个好价钱,每到生猪出栏前约20天就开始给生猪"加膘",将玉米等精饲料煮熟,稍发酵,待有酸香味时喂给猪吃。平日喂猪基本都是以山芋藤南瓜叶或地头沟坎野菜等猪草为主,人都难吃饱,哪有舍得用杂粮喂猪的。此时猪见了香熟玉米,自是拼命大吃,一般十天半月就能见膘了。也有能开后门关系的,从酒厂弄来一车酒糟,猪也极爱吃,也能加些膘的。卖猪也是农家大事,一头肥猪小则60多公斤,大则100多公斤,一般总要请了村里(那时称生产队)身强力壮的男劳力,将猪从猪圈里抓出来,绑上独轮车或者自行车。自行车一定要加重型的,方形后架上横绑上一块木板,将猪抬起横放在木板上,快速用粗麻绳绕紧捆住。这是一个极费力的活计,面对拼命号叫挣扎的肥猪,骑自行车驮肥猪去食品站在当时也是农村青年的一项技术活。

无论是用独轮车还是自行车,运送重达一两百斤的生猪去食品站,既是力气活更是技术活。独轮车一边装猪,一边空着,需要推车人将车身一路斜侧,且始终保持平衡。骑自行车的人驮着上百斤的活物,车龙头不停抖动,更是一路考验人的骑车本领。到了食品站,称重之后,便是最关键时刻,负责验猪的工作人员(农民对工作人员一律称会计)一手接过卖猪人敬上的香烟,因为嘴上有烟,就夹在耳边上,一手伸到尚吊在秤杆下的猪腰间,随意探摸三两下,口里就报出等级来,一旁负责记账的重复一声数字等级,随之记下。这个数字便是这头猪的实际出肉斤数,被称为出肉率,计价便是按实际出肉率计算的。如东栟茶镇食品站的一位老师傅计算出肉率准确率极高,经他手的生猪宰杀下来,至多误差斤把半斤,甚至就几乎没有误差。这种功夫说起来简单,其实真不容易。农民想卖个好价钱,就在出栏前拼命给猪喂食,因此,称重时就有"饱食""饿食"之说。这也是生猪计价是以实际出肉率计算的原因。食品站工作人员仅凭一只手探摸,就能准确扣除喂食重量,判定猪的等级,确非一日之功。农民卖猪除所得几十元钱外可得一些奖励,一般是可花钱在食品站门市部回购几斤计划价猪肉,另奖给若干斤化肥票、几尺布票。

  计划经济时期,农民一年中最多有现金收入的时候,是每年冬季的生产队决算,按照劳动日工分扣除口粮钱剩余的分配收入,一般有劳动力的人家也能分配几十元,甚至上百元不等。无劳动力或工分较少的家庭非但无一分钱分配收入,反而还要倒给生产队口粮钱,一般称为"找钱",否则分配口粮时就要"扣粮"。除决算分配外,农民再一次有较多现金收入的时候,就是卖猪了。因此,农家也把每年的卖猪当作一次"节日",总要全家开开荤,炒几个菜,一是招待请来帮忙卖猪的人,二是全家高兴高兴,有些人家还要请生产队队长会计一起来喝几盅老酒,跟生产队干部拉拉关系,派工时稍微有些照顾。家中小孩平常放学后总要挑上一篮子猪草才能回家,也辛苦了几个月,这时,大人也给些零花钱,让孩子买些铅笔、橡皮等文具用品,孩子自然欢乐无比。

  年猪杀好,接下来就是深加工了。主要是腌咸肉,过去没有冰箱,唯一的保鲜方法就是腌制。将猪肉剔骨切好备

灌香肠

用，粗花子盐加花椒、八角、茴香、陈皮等香料在锅内炒热，在猪肉上依次擦遍，然后顺放在陶缸内，加盖腌制数天后捞起，挂在屋檐下风干成腊肉。

一部分鲜猪肉用来灌香肠。海陵东乡人家灌制香肠与其他地方大致相同，肠衣也是猪小肠，洗净后一头套在铁皮漏斗上，从漏斗口向里塞拌好佐料的猪肉块。当地灌制香肠所用猪肉一般是肥瘦各半，吃起来口感滑嫩鲜香。

猪下水中猪肝需用盐水煮熟，称之为盐水肝，届时切片蘸酱油香醋冷吃，当然也可与韭菜芽、水芹菜等热炒上盘。猪肚与猪肺上下口用竹签连在一起，然后不断加水灌肚肺，要小半天工夫，直至将猪肺沥去所有血水完全成白色时才可下锅汆水，熟后捞出晾干备用。猪血在杀猪之后很短时间内就需下锅加水烧煮，待凝结成团后捞出，冷却后切成块状，保鲜方法是落水，即放入凉水缸中保存，十天半月不会变质。

江苏东部地区冬天最低气温在零下8度左右，正常平均温度多在零度以上，不似北方寒冬时滴水成冰，食物不可能靠天气自然冷冻。20世纪80年代之前，无论是城镇还是乡村人家，都没有冰箱等冷冻保鲜设备，因此，食物保鲜除腌制风干外，还常使用"落水"方式。落水所用陶坛很便宜，每家屋檐下都倒扣着若干只。将陶坛洗净，灌满井水，食物浸入水中与空气隔绝即可，过几天换一次水。可以"落水"保鲜的以豆腐为大宗。一般人家过年总要做上几十斤黄豆豆腐百叶。百叶可以单张挂在绳上风干，也可以切丝油盐略炒保存。较多数量的方块水豆腐就需要"落水"了。条砖模样的糯米年糕也要"落水"。另有一种海陵东乡特有的农家食物糊粉也要切块"落水"。糊粉一般为荞麦面所制，没有荞麦面，玉米面也可代替，但口感没有荞麦面好。将荞麦面加水搅成薄糊，下到热水锅中，用铜铲顺向不停搅动，称为"搂糊粉"，直至糊粉熬厚熬熟，倒入盆内冷透，再扣上桌面，切块"落水"。吃时捞出，切成寸长小块，下入菜汤中，既可当菜，也可当饭。

  海陵东境南望长江，东临黄海，北接里下河，故草田荡田、滩涂湿地较多，野生动物也较多。《汉书》曾记海陵多麋鹿，三五成群。20世纪70年代以前，海陵东乡还有大量草荡湿地存在，虽然麋鹿早在千年前就已绝迹，仅有的一个种群在距此不远的大丰海边人工养护，还是从英国引进的，但小型野生动物还是有的，大些的如獐子、狗獾等，小的如野兔、山雉（海陵东乡人称野鸡）等。故风干野味也是海陵东乡人家年菜中的重要内容，亦为节前重要准备工作之一。

  打野兔、打野鸡以往是专业猎手的主要作业项目，农村合作化之后，以粮为纲，农民都要种田，没有专业猎手了。一些原先的猎手因有一技之长，便在农闲之余偷打几枪，搞点副业，弄些零花钱。打野兔有两种方式，一是用鸟枪打，二是用猎狗追，海陵东乡人"追"字读如"栓"，习称"栓"兔子！鸟枪是木托加钢管自制的火药枪，装上火药，从枪管顶端灌进铁砂，追到兔子不远处，点火开枪，"砰"的一声，无数铁砂喷过去，兔子应声倒地。但这种枪打的兔子市场销路不好,根本卖不出好价钱,原因自明,兔肉里全是铁砂,没办法全部清理,食用时要特别当心,磕碰掉一两颗牙齿也是常有的事。海陵东乡人家购买野兔都要问明了是枪打的还是"栓"的。

"栓"兔子也很有趣,是农村小孩最喜欢看的"娱乐节目"之一。猎手先在草田或麦田四周路口或码头口隐蔽拦上一些绳网,然后在草田或麦田内松掉猎狗牵绳,放狗寻找野兔。野兔听见狗叫,就一溜烟逃跑,猎狗就在后面拼命追,野兔慌不择路,一头撞上猎手在路口预设的绳网,挣扎得越厉害,绳网裹缠得越紧。这时猎手赶过来,踢开龇牙咧嘴"汪汪"狂叫的猎狗,提起绳网,使劲向地上一摔,野兔立时就停止了挣扎。"栓"的野兔价钱要比枪打的贵很多,但在市场上反而卖得好。

猎手装束较常人不同,一般总要在小腿部紧紧裹上长长的绑腿布,这种裹成斜插花式的绑腿布,如今只有在历史题材的影视剧中才可以看到。裹绑腿布除了收紧小腿肌肉,追野兔跑得更快而外,主要是防止野兔急了咬人。此外,猎手腰间一般都要束一根腰带,腰带上斜挂着一只小牛角,里面装满铁砂子,装枪时,将开了小口的牛角尖对准枪口向里灌。打到野兔时,就用细绳扎了两条后腿,往长长的枪管上

风鸡

一挂，扛在肩上。拦网则收成一束，围在腰间。

野鸡一般是枪打，因此野鸡肉虽很香，但是清理铁砂子麻烦。

买回野兔、野鸡后，需腌制风干。与其他动物不同的是，野鸡在风干前不能去毛清洗，而是仅将内脏去除后，里边擦了粗盐，塞进稻草，外面鸡毛一根不动，整鸡挂在屋檐下风干，直到若干天后，准备下锅前，才浸水泡开去毛。加五香大料煮熟的野兔、野鸡肉做冷盘时，忌用刀切，一般都是手撕成条丝状装盘上桌，姜丝蒜泥，再撒上几叶芫荽、滴几滴小磨麻油，即为年菜一绝！

新世纪之后，野鸡已被列入国家保护动物，不允许捕猎了，鸟枪亦在管制之列，不可私藏。准意义上的"猎人"这一职业至少在海陵地区已不存在。现在有人工养殖野鸡售卖，不过已不属于传统意义上的"野味"了。

"起沟"，是海陵东乡除里下河水乡之外，对冬季沟塘捕捞河鱼的说法。里下河水乡水面阔大，且以渔场大量养殖水产品为主要农副业，鱼产品上市总是以大型拉网捕捞方式，一次起网总有几千斤鱼，鱼类以鲢鱼、青鱼为主，条重均在数斤以上，更大些的青鱼十几二十斤的也不在少数。"起沟"原先特指捕捞自家周边池塘内的野生杂鱼，后来也泛指一些小型的私家半野生散养鱼池。"起沟"的方式主要是车水净塘。一般用四人轴小型水车，邀请邻居帮忙踏水，大约大半天时间，将打了小坝的小沟河水或池塘水车干，然后下到河塘里用"抄海"（一种捞鱼网兜）捞鱼。这些杂鱼以大小不一的鲫鱼为主，也有少部分"黄纲"（虎刺鱼）、白条等，鳑鲏等更小的杂鱼也有不少。黑鱼（乌鱼）埋在很深的河泥底下，一般很难摸到，摸到的都不小，总在几斤以上。

"起沟"的鱼品种很杂，大小不一，看相较差，但深受人们喜爱，原因无他，这是真正的原生态野生鱼，其口味绝非那

腌鱼

些卖相一流的渔场养殖鱼可比的。

这些"起沟"的杂鱼,有一个重要作用,即煮鱼冻豆。春节期间,家家户户的正餐总是鱼肉年菜,早晚饭依然习惯"哚粥",下饭小菜总不能跟平常日子一样以萝卜干子腌咸菜为主,因此,在准备年菜时,下饭小菜也一并考虑进去,就有了鱼冻豆这样一种荤素搭配的能放好长时间的特色小菜。鱼冻豆也不全是杂鱼煮黄豆,也可以煮一种黑油油的"冻冻青"小青菜,讲究人家用花生米煮,则更为高档。海安东部及如东大部沿海地区人家煮鱼冻豆多用海鱼,一般以咸带鱼为主,也有不少人家特别选购一种体形圆大的"锅盖鱼",这种鱼好像特为煮鱼冻豆生的,平常煮法口味一般,但煮起鱼冻豆来,却是一绝,可能是鱼肉内饱含胶汁,鱼冻特别厚实,挑在筷头上直晃。鱼冻豆一般煮的较多,盛在绿豆缸里,所谓绿豆缸,是一种上了豆绿色釉的比较精致的小陶缸,一般都放在碗橱里,上面加盖。吃饭时,用汤匙挖一碗上桌。

年菜以外,还有一些炒货需要准备。主要是炒米,不可或缺,因为正月里来客,客人落座,就需要炒米茶接待。海陵东乡人家姑娘出门,娘家陪嫁嫁妆中特别配有一对炒米坛,里面填了炒米花生。这种炒米坛应该是宜兴陶坊特制的,别无他用，直径尺半以上，圆形敛口，有盖，釉色酱黄，坛身上立体捏塑了龙凤图案，也有一些"桃花流水"等诗意图案，较之一般缸坛要精致许多。炒炒米有专人代客加工，民国期间开始引进专用炒米机，将糯米灌进橄榄型机身内，架在炭火炉上转烤，待机头压力表指针转到一定标志时，炒米匠喊一声"响了"，以防吓了路人，竖起机身，套进麻袋，右手使劲扳开把手，"砰"的一声巨响，炒米在强大气压下从机身内喷向袋内，瞬间膨化胀大，成为香喷喷的炒米。炒米机也可以炸蚕豆、晒干的年糕片。

炒米机不可以炒带壳的花生，花生要在自家铁锅里炒。有些人家备有专门用来炒货的沙子，先将沙子炒热了，和在葵花籽、蚕豆、花生里炒，葵花籽、蚕豆、花生不会炒焦。炒货炒好了，也需装进炒米坛盖好，不能进湿气，否则"转润"了就不好吃了。炒货炒好了，全部年菜也就算准备妥了。

三十夜

除夕，是年节祭祀大日，但海陵东乡没人称除夕，习称三十夜，夜音如"亚"。如果是年农历腊月没有三十，只有二十九，则二十九日也称为三十夜。从腊月二十开始到腊月三十以"夜数"计日，以示将到年关岁底时间之紧迫。在三十夜之前，有一些小型活动，如二十三夜"掸尘"，二十四夜"送灶"。据说司命灶君每年此日上天报告下界情况，为了祷祝灶君老爷"上天言好事，下界保平安"，在灶君老爷像前供奉祭品，一般四样：饴糖块，表示粘封灶君之口；茶叶和米，象征生活平安；豆腐，"富"之谐音；红豆和剪碎的稻草，此为灶君老爷神马的饲料。祭前，先要在筷筒内插满筷子，以请灶君老爷上天多报人口，多要口粮。祭时，在灶君老爷像的嘴上抹一点饴糖，焚之于灰堆边上。灰堆边树芝麻秸，是为"天梯"，为灶君老爷上天提供方便，总之，尽量让灶君老爷满意，以"上天言好事"，多说人间好话。送灶仪式由男主人主持，如此日男主人有事不在家，则由女主人进行，但须在祷告时说明："送灶是我，接灶是他。"

送灶

二十七夜，商店吃辞年酒，老板要在饭后公布或暗示来年店中人事安排，有些员工在饭前会担心被老板辞退，如果吃辞年酒时自己的席位被老板安排在主席旁边，则第二天自觉收拾行李，与店家结账回家过年。

三十夜实际是春节期间最为重要也最为繁忙之日，家家户户几乎都是从一大早就开始忙活，真正"黎明即起，洒扫庭除"。尽管在腊月二十三或二十四，大部分人家都已经用带叶竹枝扎成的扫把"掸尘"过了，三十夜早上还是要在屋里屋外再细细打扫一遍。也有一些人家腊月二十四忙得没空，三十夜早上才"掸尘"。"掸尘"有一个重要内容，即用清水将大门上的陈年对联"涨湿"洗净，留待张贴新对联。

一切洒扫停当，三十夜第一个重要仪式就是贴春联。贴春联有许多讲究。过去一般人家都习惯在春联中显示其家族门望，姓氏源流。如王姓贴"三槐世泽，两晋家声"；徐姓贴"南州世泽，东海家声"；吴姓贴"治平第一，至德让三"；周姓贴"爱莲世泽，细柳家声"；张姓贴"九居世泽，百忍家声"；陈姓贴"颍州世泽，太邱家声"；冒姓贴"榜花世泽,万卷家声";胡姓贴"乡贤世泽,理学家声";等等。这些切合家族姓氏特殊内容的对联一般总是家人自写或请人书写。也有人家图省事,在街上"红货"摊上买一些通用对联,如"物华天宝,人杰地灵""人寿年丰,时和世泰""旭日临门早,春风及第先""满门天赐平安福,四海人同富贵春""向阳门第春常在,积善人家庆有余"等。旧时腊月二十以后,农村里有一些毛笔字写得好的乡村土秀才,用木板夹了一些现成写好的春联走村串户售卖,称为"放门对儿"的,对字念作"剧"。也有不少人家向其选购,遇有特殊要求,"放门对儿"的会应邀现场书写。所谓"放门对儿"是从"放花样"而来的,农闲时节,有人也是背着一副木板,夹着各式绣花纸样售卖,很受乡村妇女欢迎,称为"放花样"。现场书写大门春联,最大的好处是可以根据主家的心愿与期望,现编现写。其实所谓现编,也多是一些常用劝世文和吉祥语,如"一勤天下无难事,百忍堂中有太和""和气致一家祥瑞,书声起万里风云""世间好事忠和孝,天下良图读与耕"等。

大门对联内容往往随时代而变化,中华人民共和国成立初期,春联一改传统内容,多为宣传文字,如"团结一切民主力量,争取世界持久和平""家家畅饮胜利春酒,人人争挂立功奖章""劳动创造世界,团结保卫和平""增加生产效率,提高文化水平"等。20世纪60年代至70年代,曾一度流行从毛泽东主席诗词中选取联语,如"四海翻腾云水怒,五洲震荡风雷激""天连五岭银锄落,地动山河铁臂摇"等。20世纪80年代改革开放之后,春联则又恢复了一部分传统内容。

堂屋圣柜之上的中堂对联也很重要。因旧时中堂多为菩萨像,故两边对联多为宗教内容,如观音对"芙蓉花满春风暖,杨柳枝头甘露香"、关帝对"秉烛春秋大节至今昭日月,满腔忠义英风亘古振乾坤"、财神对"兴家立业聚宝盆中生紫雾，治国安邦摇钱树上起祥云"等。因为圣柜上所敬儒、释、道三教菩萨神仙众多，多数人家贴五堂圣对，以一概全，如"金鼎呈祥龙香篆就平安福，银台报喜凤烛开成五福花"等。

厨房门上多贴"一人巧作千人食，五味调和百味香"或"雪水烹茶天上味，桂花煮酒月中香"等对联。

卧房门联多为"琴瑟永谐千岁乐，芝兰同介百年春""喜见红榴多结子，笑看绿竹又生枝"等。

一些富裕人家有书房花房等休闲之处，则对联多高洁雅致，如"窗虚先得月，室小自藏春""大业惟修德，敦伦在读书""淡心同秋水，高怀寄白云"等。

若是有了丧事，第一年须贴绿纸春联，第二年贴黄纸的。联句一般是"守我堂前三年礼，任它门外十分春""已知天下皆春色，唯有吾门只素风"等，三年脱孝，方可贴红色春联。

也有人家不贴春联，在堂屋门上贴秦叔宝和尉迟恭两位门神，在房门上贴麒麟送子等年画。此外，还有一种斗方对角书写的"顺遂条"，如贴在米柜上的"金银满柜粮满仓"、贴在圣柜上的"黄金万两"等，"黄金万两"写成一个合体字，远看像一个字，体现了乡民的审美趣味。也有写"天官赐福""日进斗金""五谷丰登""大吉利市"的，均写成一个笔画繁多的合体字。

商家店铺门联均与生意有关，如"人心义与天心合，生意还同春意多""生意恰似风前草，财源犹如雨后泉""贸易不欺三尺子，公平义取四方财"等，讲究文采的则有"湖海客来谈贸易，缙绅人至讲唐虞"等。也有不少商家将店名嵌入自撰联中，别具一格。

海陵东境如皋沿江，如东倚海，海安东部靠海，北部为里下河水乡，故各类船只成为重要生产工具，三十夜在船上贴春联成为特殊一景。用于江湖或内河运输货物船只一般贴"九曲三湾随舵转,五湖四海任舟行""开航青龙前引路,进港利市广招财"等。用于渔业捕捞生产则贴"顺风一帆送上珩,春锚下地出黄金""衣丰食足财源盛,水稳船平满仓归"等。海船所贴春联跟平常春联大有不同,不是上下联成对,而是单条,贴在海船几根桅杆上,所写内容也与陆上住家春联毫不相同,且少有随意自撰的,大桅杆贴"大将军八面威风",二桅上贴"二将军开路先锋",艄桅上贴"三将军顺风相送",四桅上贴"四将军满载而归",五桅上贴"五将军五路财神"。此外,也贴"顺遂条",在舵杆上贴"掌兵元帅",在锚杆上贴"铁将军压阵",在海船两侧撬板上贴"左青龙""右白虎"。

海船贴春联是沿海渔民三十夜一个重要年节仪式,称为"挂红",中午时分,全体船员汇集船头,船老大燃起香烛,手捧猪头公鸡三牲,面向大海,敬奉海龙王、天后娘娘及褚太尉。三拜后船老大将手中公鸡杀了,把鸡血从船头淋到船尾,船员随之在桅杆上张贴春联,是谓"挂红"。"挂红"结束后,伙头将敬神三牲做成菜肴,全体船员大碗喝"同心酒",仪式庄重而热烈。

少数人家贴春联,还有一种称为"满堂红"的,即仅贴红纸一对,上面未写一字,这也是一种特殊习俗,但如此图省事者似不多。

春联贴好后贴喜笺,大小门楣都要贴上,井圈、猪圈、牛圈、车篷等处贴上"井泉童子""猪栏正神"等各式纸马,微风吹过,屋里屋外,喜笺飘拂,纸马轻动,一片喜气。

接下来贴年画,《西厢记》《白蛇传》等爱情故事一般贴在卧房内,《龙凤呈祥》《杨门女将》等传统戏剧四条屏则贴在堂屋两边隔栅板壁上。堂屋正中朝南主墙上挂菩萨神仙中堂,两侧对联。20世纪60年代至70年代挂毛泽东主席标准像，两侧对联统一为"听毛主席话，跟共产党走"，两边板壁上则多贴《红灯记》《沙家浜》等"样板戏"剧照四条屏或"打虎上山""椰林指路"等单幅剧照。

三十夜环境布置还有一个特殊习俗，即在大门屋檐上插芝麻秸，选取几根坚实饱满的芝麻秸，在每根芝麻秸上部贴两张黄纸镂空镞成寸半见方的"黄金钱"及"和合二仙"，插在堂屋大门上屋檐下，成为一道独特的装饰，寓意来年生活如芝麻开花节节高。据说这一风俗是朱洪武朝代传下来的，谓之"封檐"，一般是在天黑前进行。与"封檐"同时，还要"封田"，即将芝麻秸插到自家农田。此外，主要农具上也要贴上"黄金钱"。

此外，要将家里的各种容器放满东西。水缸里的水要满；磨眼里要灌满粮食；瓷罐里要放满花生或蚕豆、茶食、炒米等，以示丰足。

三十夜祭祖在中午，敬神在晚上。敬神祭祖和拜佛的供品不同，神明和祖宗前供荤菜，佛和菩萨前供素菜和水果。倘若乱摆一气，会被人耻笑不懂规矩。如皋的歇后语"何四麻爹敬菩萨——荤素一把下"就由此而来。

祭祖

三十夜祭祖在全年四时八节中最为隆重。将堂屋中八仙桌搌到屋正中，靠门一面摆上香炉烛台，其余三面以长凳围合，搁好六双红漆竹筷、六只小酒杯。祭祖供菜一般有四样：肉、鱼、粉、蛋。粉为绿豆粉或蚕豆粉，下热水搅成糊状，盛碗内冷却后片成长方块。鸡蛋需摊成整块蛋皮，老豆腐切块打底，蛋皮覆盖其上。大锅煮米饭，给祖宗盛饭不同于平常盛饭，需先用一只碗将饭盛满，然后覆扣在空碗上，将饭倒入，如此重复，直至将六只碗全部倒满，此时这些饭碗内米饭全部呈统一的馒头状。海安西北部水乡部分人家祭祖时盛饭只用一只白瓷大海碗，盛满一大碗米饭，端到供桌上，将六双筷子插到饭上。这种白瓷大海碗似乎是专为祭祖购置的，平日是不用的。这种共用一碗祭祖的习俗似乎在整个里下河地区均有流传，高邮籍著名作家汪曾祺先生曾在散文中记叙过。

祭祖开始，由当家男主人主祭，点燃香烛，倒满水酒，先将屋门敞开，在门前烧几只"元宝"，恭请列祖列宗进屋入席。然后按辈分长幼顺序，依次向祖宗跪拜磕头，男主人在一旁烧"包子"，"包子"是寄给祖宗的冥钱，由红纸糊成，里面装满黄元纸或锡箔折成的"元宝"，外面毛笔写上某县某村某某大人或孺人收用。折"包子"是春节前家中老年妇女的主要任务。"包子"烧完，男主人将座位上的筷子稍微动一动，并将长凳一头向外拉一拉，表示祖宗饭毕起身。此时再在大门外点几只"元宝"，男主人作揖送祖宗离去，祭祖仪式便告结束。

海安北部地区祭祖提前一天，在二十九夜晚上，这晚俗称小年夜。

年节环境布置，在三十夜晚上敬神之后，还有最后一桩重要的事情，即打"元宝囤子"。

"打囤子"由男主人进行，有小男孩的家庭则由父亲带着小孩一起打。

打囤子的工具是一个圆底方口的用蒲草编织而成的蒲包，蒲包上面是两根麻绳系，便于提在手里，里面装着石灰，囤子往地上一顿，石灰就从蒲包眼里渗出，印在地上就是圆圆的囤子，寓意有两层：一为团团圆圆，一为新的一年粮食丰收装满囤。也有说是为忠臣岳飞戴孝，岳飞曾在海陵地区作战，在此地留下许多遗迹与传说。据民俗专家考证，此囤子印实为模仿年兽的脚印，传说年兽看到这户人家门前有自己的脚印，以为已经来过了，就不再进屋。但海陵东乡人家好像没有这种说法。

三十夜，敬过菩萨，吃过团圆饭之后，男主人就张罗着打囤子了。先把里里外外再打扫一遍，然后才能在干净的地上打囤子。农家三十夜打囤子，一般认囤子印就是来年粮囤的"脚"，有多少囤子印，来年就能收多少粮食。因此，三十夜晚上，囤子打得越多，来年年景越好。

打囤子

囤子打在地上要过了初一的谢神饭后才能扫地，否则财宝和粮食就被扫地出门了。打囤子先从外面打起，然后才能打家里的客厅和房间，意为把外面四面八方的财宝和粮食往家里划。旧时没有电灯，爷爷或父亲就会为小孩扎一只纸糊的兔子灯，兔子肚里点着一支拜拜烛（小蜡烛），借着这朦胧的烛光,父亲提着蒲包,领着小孩开始打囤子,把囤包往地上一顿就是一个圆圆的囤子印,从出脚路口、外面晒场上打起,慢慢往家门口打。男主人一边打,一边念念有词:"囤子打得密,收的粮食(念作'饭')没处折(折:存放)!"农家在打囤子时,还很富有创意。男主人认真地用囤包在门前晒场上打成各式各样的农具样式,有时打上耕田的犁,有时打上垡田的耙,意思是说要想来年粮食满囤就要勤于耕作。有时还打成元宝的图案,朴实的农民渴望有饭吃有钱花。这时,万家烛光闪闪,鞭炮声声,不知多少人家都打着灯笼,借着朦胧的烛光打着囤子,祈求来年风调雨顺、五谷丰登!

　　三十夜晚上敬菩萨,是从"接灶"开始,"接灶"是将二十四夜送上天的灶君老爷接回。"女不祭灶,男不拜月",男主人将新"请"的灶君老爷神像贴在灶旁小神龛里,两边贴上小对联"上界言好事,下界保平安",上书"司命府"。然后点上香烛,叩拜一番就算是接灶礼毕。

　　接下来敬土地老爷。土地老爷掌管一村平安事宜,一般自然村都建有一座土地庙,不过土地庙很小,最大也就一人高,大多一米左右,最简陋的仅用几块砖搭成一个龛形状。里墙上贴一张土地老爷及土地奶奶像,或小型泥塑、瓷塑土地像。敬土地自然是到本村土地庙,不管远近,不能到邻村土地庙去敬的。男主人双手端一只木盘,木盘里装了鱼肉供菜,鱼肉均为未煮熟的半生菜,鲢鱼尾上裹了红纸,插着柏枝,猪肉扎着稻草。到了土地庙前,上供焚香磕拜,燃放一小挂鞭炮。祭拜结束后,将供菜收入木盘带回。新世纪之后,随着农村生活水平的提高,不少农家致富后出资重修土地庙,新建土地庙规模有所扩大,且盖上了琉璃瓦,每到三十夜晚上,庙前排满了大斗香。

　　敬家堂各路神仙菩萨,是三十夜也是全年最重要的敬祀仪式。此时灯火通明,圣柜上五供摆列,红烛高烧,香烟缭绕。讲究人家除八仙桌上供菜外,还要在圣柜上供鲜花水果。鲜花插在花瓶或帽筒中,水果在果盘中码成宝塔状。此外,还有各式点心小碟供奉,如花生糖、芝麻糖、云片糕、麻元等。观音像前还需敬奉一杯净水。年前上街请回来的各种神像纸马,两边向中间对折,插上黄元纸内衬,依次排列在圣柜上。供桌前靠近大门口摆放一只铜盆或陶盆,先在里面点燃一叠黄元纸,再在上面点燃几根柏树枝,全家老小按年龄辈分,依次向神像跪拜。跪拜结束后,男主人将圣柜上神像纸马取下,放进柏枝火盆中"升天"。同时在屋外空场上点放"天地炮"。

撤去供菜,进入三十夜最高潮活动,合家吃团圆饭,按长幼排座次,盛饭时如有家人因特殊情况未能回家过年,则也要为其盛一碗饭,搁一双筷子虚席以待,以示合家团圆。桌上各式菜肴大盘小碟毕陈。菜品有讲究,荤菜中有鲢鱼,寓"年年有余",有猪肠,寓好日长久,有猪血,以示来年有"血财",保六畜兴旺;素菜中得有青菜,称作"长庚菜",黄豆芽称作"如意菜",吃豆腐以祈"代代富",吃芋头以"遇"好人等。

宴中喝高粱酒、陈元酒、糯米陈酒,要让小孩先喝,依次到最长者。"以小者得岁,先酒贺之;老者失岁,故后之酒。"全家人在欢娱、祥和的气氛中就餐。不过,桌上的鲢鱼只能看,不能吃,要留到正月十三上灯才能吃,因为要"年年有余"。

落籍如皋的冒姓或保姓蒙古族、满族人,仍按民族传统风俗,三十夜吃扁食,类同北方人吃饺子。

团圆饭还有一个重要内容——煮"陈年饭",即多煮若干米饭,剩余下来留作新年吃"陈饭",饭锅巴一定要铲成整块的,称作"饭根"。专门盛满一盆饭,中间插上苍翠的柏树枝，树枝上缀以铜钱和染红的白果、花生等，饭上嵌着红枣、黑枣、板栗、桂圆等，称为"陈饭盆"。盆放在圣柜上，象征"摇钱树、聚宝盆"。海安西北部人家"陈饭盆"中除柏树枝外，还要插"陈饭旗"。"陈饭旗"用芦柴秆糊上红绿彩纸，高近一米，由上而下依次粘贴各种小型剪纸；下端横扎一柴秆，上挂红纸剪成的双鱼。农家主妇在量米煮"陈饭"时，虔诚祷告："人一升，猪一升——"里下河地区煮陈饭，用米较多，少则六升六合，多则六斗六升，因地处水乡，地势低洼，十年九涝，此地方言六与捞同音，六即捞住了。

家人另用一盆燃烧木柴，通宵达旦，名为"旺火盆"，也称"陈火盆"，陈饭、陈火，意在祈愿家庭兴旺发达，粮草年年有余。

守岁。三十夜守岁，所谓"爷守岁爷长命，娘守岁娘长命"，大人小孩都夜深不眠。长辈持压岁盘分给儿孙，盘内装茶食、糖果、连壳花生等，并有内装钱币的红纸包，叫压岁钱。有童谣："守岁家家尽不眠，小儿辞岁到堂前。红绳挽就双全结，一串青钱压岁钱。"母亲将新衣、新帽、新袜放在儿女枕边，以便他们明天新朝穿新衣。

旧时，贫苦人家过年如过关，所欠债务须在三十夜还清，实在无法偿还的要出去躲债。故三十夜天黑之后，就有一些债主雇人打着灯笼讨债。直至深夜，交过子时，躲债的才敢回家露面。这一习俗，今已绝迹。

子时交岁，千家万户鞭炮齐鸣，焰火飞天，响彻云霄，以辞旧迎新。

第二章　新春正月

五天年

"春王正月"，语出《春秋》。正月即农历一月。正月初一至正月初五，为春节，海陵东乡俗称"五天年"。正月初一日为元旦，亦称"岁朝"，俗称大年初一，一元复始，万象更新，是春节五天年中最受人们重视的一天。

是日，男主人黎明即起，净面洗手，点烛焚香，燃放鞭炮，磕头拜神，是为"敬天地"，亦称"接天地"，此时所燃香烛，一般为多层斗香，俗称"宝塔香"，置于门前屋场上，香烟袅袅，能长时间燃点。也有特别起早的，赶到附近庙中抢烧"头香"，以祈多福或添丁。初一"接天地"放鞭炮有讲究，顺序是先放一条小鞭，后放大爆竹，再放百子鞭。放大爆竹可3、4、5、6、10个不等，寓"三元及第""事事如意""五子登科""六六大顺""十全十美"之意，不放其余数字。如放的第一个爆竹不响，要说句"闷声大发财"；爆竹捻子点着后光嗤不响，就说"痴人有痴福"；爆竹只有一响，上天不开花，就说"一想就想（响）住了"。

主妇随之起身入厨，用"陈火"烧锅煮红枣桂圆果子茶、煎鸡蛋，用茶盘端给老人坐在铺上吃，以表孝敬之意。

也有果茶之外还热一小碗昨日早已煨好的白汤猪肉送给老人吃的,但此俗仅流传于海安北部地区。

全家老少穿新衣、换新鞋、戴新帽,特别是妇女儿童,尤重衣饰,里外一新。

晚辈早早到长辈房中向长辈拜年致贺,恭祝长辈"吉祥如意""健康长寿"。长辈根据晚辈辈分年龄,分别回祝"万事顺遂""学习上进"等。

初一下午开始,住宅附近邻里亲友之间互相串门拜年,双手作揖,"恭喜发财"之声不绝于耳。主人以烟、茶、花生、糖果分别招待来客,彼此笑逐颜开,尽情嬉游。21世纪以来,拜年流行发红包,辈分较高的主人早早准备了若干小红包,分发给前来拜年的小孩。

拜年

旧时商家要互送贺年红帖,帖上写贺年商号店名,从店铺门缝中投入。据考,北宋时即有此风,古诗云:"声声爆竹贺年初,名帖朝来满敝庐,我亦随人投数纸,世情嫌简不嫌虚。"此俗自20世纪50年代商店公私合营后已不存。

初一时三餐均在家中。早餐糯米粉汤圆蘸白糖,俗称"元宝",不作兴都吃掉,碗里要留下两到四只。再穷的人家也要喝碗红糖水。中餐吃"陈饭""陈菜",即三十夜预先多煮的米饭及菜肴,故此地有俗语说:"三十夜总吃掉,初一寡寡的。"如皋、如东部分地区初一中饭吃糯米饭或黏穄米饭,即高粱米饭,晚上才吃"陈饭"。海安里下河地区初一晚上吃面条。共同的习俗是晚饭时间比平日要提早一些,因晚上不能点灯,以祈夏日减少蚊虫。中饭及晚饭菜一定要有豆腐,谐音"头富";百叶结烧肉,寓意"百事顺利";大蒜,全年有"打算";如皋及如东南部靠近通州地界的人家方言受影响,还要吃荠菜和茶干,谐音"聚财"及"做官"。

初一中午焚香"谢神",有些地区三十夜所敬家堂诸神纸马要在圣柜上一直敬供到初一中午"谢神"时才在柏树枝上焚化。传说三十夜诸神下界,要等初一谢了神,他们才返回天上。"谢神"之后,诸多禁忌略为松懈,此时方可扫地,倒污水,不致污秽天地,触犯神明。

初二一早,村民要到土地庙敬香。土地庙也在三十夜贴上春联:"敬公公三杯美酒,谢娘娘五谷丰登。"土地庙内所供佛像除土地公公、土地娘娘外,还有一个鹰嘴猴腮、瘦骨利爪的趴蜡(读作"抹渣")老爷,是专管蝗虫的。村民祈求是年风调雨顺,田无虫害。初二上土地庙敬香,与三十夜不同,无须供菜,但所敬香烛规格要高,随着乡村生活水平提高,时今多数人家请斗香恭敬。

从初二开始,走亲访友。女婿挈妇将雏去给岳父母拜年。仍要带礼物,多为茶食、果品或烟酒之类随手礼品,无须像节前送年礼那样隆重。海安东部及如东部分地区较重族谊,子侄在初二一定要向伯父母、叔父母拜年,亦需带礼品。

旧时,农村租地佃户初二要到地主家拜年,学徒伙计要到师傅、老板家拜年。此俗今已不存。

商铺初一至初四一般不营业,关门盘点商品,清理往来。初一商铺店家要有一个开笔仪式,在三十夜店铺关门前于账桌上放好朱笺墨笔,初一上午,老板进入店内,随即提笔在红纸上写上:"报到新年,诸事如意,生意兴隆,财源茂盛。"或写"新年举笔,笔上开花,花开结果,果然如意"。此谓开笔。接下来与账房(会计)等少数骨干职员一起"盘红",即核算旧岁全年生意盈亏。"盘红"结束,老板盛宴款待账房等管事职员,饭后才看结算"红账",即会计报表。

一些小商铺初二上午即开门营业,先要焚香"烧利市",过午即打烊。

五天年最后一天,即正月初五为"财神日"。所有商铺今日正式开门营业。店家初四即备好"三牲",即猪头、雄鸡、鲤鱼,俗称"六只眼",初五凌晨子时,店主摆好供品,焚香,开店门,放鞭炮"接财神"。此时,处处爆竹声声,火星四射。除店家外,一般人家也有半夜子时"接财神"的,但大部分是在初五早上"接财神"。几乎所有商店都要在店门前烧一座高达十几层的大斗香,祈求财源旺盛。初五商店开门后,第一位顾客可享受优惠待遇,如果是女性顾客,则商家更为欢迎,称为"满(母)生意"。第一笔生意无论大小均称"进财",所收钱款用红纸包起,供于财神菩萨像前。

一些年前生意大忙,一直要忙到三十夜中午才能关门的店铺,老板会请全体员工吃年饭,同时布局调整来年人事职位,只能在正月初五晚上进行。凡被示意辞退员工,即邀坐上座即首席。也有个别"走红"的店员想加薪,有意"拿桥",抢先坐首席,让老板来"劝驾"。被辞退员工可留至正月十八离店,故有"十八落灯,十九算账,二十动身"之说。旧时商铺辞退员工也有一些人性化做法,如一些员工被辞退后暂无去处,可回原店"借工"一次,一次10天,工资加倍。茶叶店伙计多为安徽人,被辞退后一时无下家,可较长时间留在店内,只管吃饭,不拿工钱。

初五,一些民间艺人穿上蟒袍戏服,手捧"元宝",金面乌髯，扮演赵公元帅，沿街至各家商铺门前"跳财神"，祝老板"生意兴隆，财源滚滚"，店家不敢怠慢，都要给以赏钱。碰上一些新年生意心愿宏大的老板，赏钱不菲。也有一些民间艺人，从正月初一起，就开始走村串户，到村民门上"送财神"，一般不需穿戏服扮财神，也不唱念表演，只是将一小张木版彩色套印财神像送到主家手中，一时没有人接，就张贴在主家门檐上，总归是没有哪家敢拒绝的，接了财神像，多少都要给些赏钱。

海安北部水乡地区，流行"唱凤凰"。民间艺人年节期间，三五成群，为首者高举一只篾竹扎制纸糊彩绘的凤凰，在村中挨门逐户颂唱吉祥歌词，到户家门前停下，首先向主人高声拜年："恭喜大发财，元宝滚进来。滚进不滚出，多得用箩抬！"或"喜鹊上树攀高枝，凤凰不落无宝地，恭喜主家发大财，诸事顺心人如意"等。伴随着锣鼓点子，凤凰摇头摆尾，上下舞动，领唱者开唱："锣鼓一打响当当，一家老少喜洋洋，今年过年好热闹，大家来把凤凰唱。"其他人随即合唱："云淡风轻近午天，小小凤凰到门前，一向主家送凤凰，二向主家来拜年。"唱凤凰多以五人一组，除举凤凰者，另一人敲大锣并兼领唱，一人小鼓，一人小锣，一人铙

海安唱凤凰

铍,唱完后其中一人手捧托盘接受主家赏钱。唱凤凰的词有现成通用的,也有根据主家情形现编的。锣鼓敲击声中,领唱者即兴编词。如"锣鼓一打响堂堂,主家华堂真漂亮。向阳门第春常在,日后定出状元郎""锣鼓一打响堂堂,主家天井四角方。两边长出青竹子,中间放的荷花缸。荷花开花结莲子,莲子上头落凤凰。凤凰不落无宝地,贵人出在你府上"等,所谓新词,其实都是套话,只是选择使用,或根据主家现场情景做稍许改动。新词编好后,"堂、堂、堂"三声"刹板锣",开始演唱,唱完后,捧托盘的上前连声"恭喜!恭喜!"主家给以赏钱红包,演唱者转往下家。水乡风俗,只要门开着的人家,都要挨着唱。有些富裕人家,见唱凤凰的来了,常先放一挂小鞭炮迎接,演唱者则更为卖劲,唱词也更为华丽。

与唱凤凰类似的沿门挨户演唱讨赏的还有流行于海安西部地区的舞苍龙。舞苍龙表演人数不拘。表演时,由一人手执一条不到两米长的篾扎小布龙,辗转翻舞,点头摆尾,其他表演者则念唱吉祥歌词,如"苍龙脸朝东,六畜兴旺五谷丰;苍龙脸朝西,风调雨顺如人意"等。最初流行于曲塘北郊,贫苦艺人以此走村串户,拜年祝节,讨钱糊口,称为"耍苍龙"。20世纪60年代,经挖掘加工整理,成为群众文艺节目。新时期之后,经文化工作者重新编排,增加舞蹈动作,并配以鼓乐,艺术形式焕然一新。1991年,文化部组建的"中国民间艺术团"出访日本,"苍龙舞"被选为节目之一。

五天年中从初二晚宴开始"请春酒",亲戚间相互宴请,连续几天中餐、晚餐均在亲友间轮流进行。如亲戚较多,则要一直延续到初五之后,乃至正月十五元宵节之前。海安东部及如东部分地区,请春酒甚至可延续至二月半。除了请亲戚外,一些自然村邻里之间也相互邀宴,以增加情谊。海安镇及周边地区称请春酒为"请春支",实为"请春

海安苍龙舞

海安丁家龙

厄",古文辞句。请春酒因在春节期间,故特别讲究礼节规矩。旧时一般均在自家堂屋内摆宴,最多可摆四张方桌,即八仙桌。主桌位于圣柜前上手,桌面木缝要对门顺放,此桌主席位在紧靠圣柜前长凳上最右边,次席在同一条长凳上左边,末席在对面长凳与主席相对的右边。春酒开宴前,主席等相对较大位置,一般总要空着,正式入席时,大部分宾客都是抢小位子坐,如果来迟了,桌上只剩下大位子,接下来就是口手并用，边拉边请，请比自己年长或辈分稍高些的亲戚换坐大位子，称为"拘礼"，被拉者连说"不拘礼，不拘礼"，总要互相谦让拉扯小半天，才能安排好各自席位。主桌最大的位子肯定是此次家宴中年纪最长或家族中辈分最高的老者。一般主人不出面安排席位，以防无意中得罪了人。如果有人大大咧咧，不注意规矩，坐了自己不该坐的席位，之后要被人背后说叨的。小孩不懂规矩，则大人背后被骂"没家教"！春酒菜式很丰盛，主家以最好的菜肴招待亲戚宾朋，旧时讲究"八碗八碟"，即八只冷盘，八只主菜。海安东部及如东地区讲究"蛏领头"，即名贵海珍干竹蛏煨汤为头菜。

宴中，总有人时不时举筷劝菜，口中连说："不搁筷！"众人回说："不客气！"吃相讲究文雅。宴席结束前，虽已吃好搁筷，但不能独自提前离席，要等主席位客人吃完，将手中筷子倒转过来，面对众人点一下，示意散席，才全体离席，分别向主人告谢回家。请春酒为家族亲戚一年中最全也是最隆重的一次联络加深亲情的团聚形式。

打花鼓

正月初五开始，一直到正月十八落灯，为节后百姓娱乐时期，各种民间艺术形式争相登场。海陵东乡三县流行的民间表演艺术形式繁多，汉民族共有的舞龙、舞狮、高跷、荡湖船、打连湘、挑花担、跑马灯等艺术样式一应俱全。除此之外，一些民间艺术形式独具鲜明的海陵东乡本土特色，其中最有影响的有打花鼓、倒花篮等。打花鼓演出阵容规模宏大，演出延续时间很长，通宵达旦，深受乡村百姓喜爱。

海安市角斜、老坝港与如东县浒澪三镇交界处约10平方千米地区，旧称西下洋。历代隶属淮南盐场之栟茶场。民国年间，盐场合并裁撤，西下洋地区各自然村划属东台县。1948年年底，西下洋地区解放，民主政权建立东台县栟北区，为此地区政府机构。西下洋东距黄海约3千米，西北距角斜镇、东南距浒澪镇、东北距旧场镇均约2千米。地势低洼，土壤贫瘠，所居村民姓氏较杂，多为历代外来移民。《如东县志》载：明清之际，南京、镇江、扬州等地不少移民来沿海地区躲避战火，开荒垦殖。虽距海未远，但此地村民多以农耕为生。因地薄缘故，村民大多生活贫苦，亦有"西下洋，西下洋，十年倒有九年荒"之民谣。直至20世纪70年代前，此地区各生产队仍多为贫困队。上溯年代未详考，但在清末民初，西下洋"打花鼓"已很出名，村民组成多家花鼓班子，在周边地区上元节灯会等传统节庆期间表演，不仅自娱，而且娱人，同时也略收演资。清惺庵居士在《望江南》百调中咏苏北元宵灯节词："绛腊满堂家宴乐，金龙逐队市声嚣，花鼓又高跷。"[①]一些较专业的花鼓班子则为富裕人家做寿庆堂会演出，向里下河徽班等专业戏班方向发展。至民国

海安花鼓（一）

---

① 黄振平：《江海记忆：南通市第一批非物质文化遗产概览》，西安：陕西人民出版社，2009年，第137页。

初年,西下洋"打花鼓"已扩展到半径至少10千米以外周边地区,如旧场、新街、王墩、五坊、居湾、河口、于港、浒澪、四十总等地,一时蔚为风气。李堡、丁所、西场等地部分乡村亦有花鼓班活动。需要特别说明的是,这一地区"打花鼓"并无地理区域冠名。民国年间,这一地区统属东台县。因花鼓流传地区近南黄海,为叙述方便,暂以沿海地区花鼓班统称之。

沿海地区各花鼓班"打花鼓"表演形式大同小异,分为"外场"和"内场"。"外场"演出人数较多,以歌舞表演为主。夜幕降临,花鼓班开始"打闹场",即以大鼓大锣重敲,以告知远村观众,演出即将开始。观众纷至沓来之后,花鼓班开始舞"暗狮子"。所谓"暗狮子",没有灯火之谓。主家此时大放鞭炮,"狮子"在鞭炮声中,由"绣球"领着,从外场窜到室内,再从室内窜到屋外,观众纷纷避让,场子即被打开。此时演出场地四周树起花鼓班自带的几十盏长方形牌子灯,内点蜡烛,用以照明。也有用油箍火把照明。民国后牌子灯逐渐为新式汽灯所替换。

"外场"演出正式节目之一,即为"打花鼓",也称"唱秧歌"。出场主要人物有红娘子(小旦)、上手(小生)、鞑子(小丑)。也有花鼓班增加和尚、老渔翁等角色穿插其间,说笑逗趣,插科打诨,多为调情骂俏等低级庸俗乃至色情内容。如果小旦、小生、小丑唱做俱佳,演技较强,就无须和尚、老渔翁等角色。

"打花鼓",小旦左手执花鼓,右手执系有彩绸的鼓槌,以鼓槌随着曲调节奏击鼓。所谓"花鼓",《越谚》中卷:"打花鼓,其鼓槌用花绒扎竹枝,故名。"[①]此为"花鼓"中"花"

---

① 王长安:《安徽戏剧通史》,合肥:安徽教育出版社,2010年,第182页。

海安花鼓（二）

之出处。也有花鼓班小旦手持以红绸扎成的花鼓灯，也称"天灯"表演。小生手中道具为点锣，一种可以握在掌心的小锣。《霓裳续谱》"凤阳花鼓"唱词中有"绍兴鼓儿淀子锣"，说明凤阳花鼓中的花鼓原出江南绍兴，点锣原为"淀子锣"。

"打花鼓"所唱内容大多为历史故事、爱情故事。除小旦、小生、小丑边舞边唱外，花鼓班另一些演员和一些热心观众则在一边伴唱、合唱一些加强演出效果的衬词唱段。

"打花鼓"之后上演节目为"打莲湘"。"打莲湘"之后为"翘荷花"，八男八女上场，形成"外场"歌舞高潮。

最后是花鼓小戏演出。常演剧目有《种麦》《补缸》《花婆子过关》等，均为扬剧传统小戏剧目。而扬剧之形成，为"大开口"与"小开口"之融合，"大开口"为"香火戏"，"小开口"则为"花鼓戏"。

综观沿海地区各花鼓班"外场"演出，与凤阳花鼓中的"大花鼓"演出，结构形式大致相同，有可能是凤阳花鼓艺人在异地定居，生活较为稳定之后，将"大花鼓"形式重新恢复，并相沿传习。浒澪班花鼓中《花鼓调》唱段："我打花鼓走出门，顺风顺水来到紫禁城，乾隆天子开金口，问声花鼓哪里人？花鼓即便回言答：好打花鼓浒澪人。"扬剧《打花鼓》中《花鼓调》："新年新岁是新春,狂风刮到紫金城,当今的皇帝不认识你和我,打花鼓的也是凤阳人。"前者与后者唱词在内容与句式结构上大致相同,显然也有传承迹象。

  花鼓"外场"歌舞演出结束后,转入"内场"演出,即室内坐唱。开始先为主人唱《奉敬调》,随后演唱各种地方小调、扬剧曲牌等曲目,时间可长可短,直至观众尽兴而散。演唱曲调除"打花鼓"专用的《花鼓调》、"打莲湘"专用的《莲湘调》、"翘荷花"专用的《荷花泛水调》外,主要有《剪桂枝》《挂金索》《穿心调》《郎和调》等数十种,这些曲调在江淮地区普遍流行。但沿海地区花鼓中之主要曲调《花鼓调》与《凤阳花鼓》及其他地区花鼓中之《花鼓调》明显有区别,应是该地区花鼓艺术中的一个重要特色。《花鼓调》中同音的反复运用,上行下行的跳进,8分音符和16分音符的大量出现,形成热烈诙谐的情趣,与舞蹈风格和谐一致。1979年起,如东县文化馆季忠坦、吴尧、江正林经过多年采风,记谱整理出沿海地区花鼓曲调46则。

  "打花鼓"中小旦(红娘子)舞蹈动作是沿海地区花鼓艺术精华所在,主要风格特点:扭、颤、媚。扭:扭腰、出胯、摆首,形成"三道弯"舞姿,所谓"风摆柳"是其典型动作,如弱柳迎风,娉婷袅娜,娇柔多姿。颤:演员利用膝部的屈伸、气息的控制,身体随之有规律地颤动。颤动的速度快慢根据情绪的变化而调节。慢时表现出一种含蓄娇羞的神态,快时则表现出激动喜悦的心情。媚:指舞姿的柔美,表情的含蓄,眼神的含羞微眄,但媚而不俗,流露出质朴的乡土气息。这些小旦舞蹈身段在凤阳花鼓及扬州地区流传各路花鼓(牵驴花鼓、渔篮花鼓、跌怀花鼓等)中大多存在,但东部沿海地区花鼓中这些舞蹈特点表现更为突显。关于红娘子这一小旦角色的由来,角斜班花鼓艺人认为即《李三宝救驾》中李自成起义军女将苏鸾娇红娘子。旧场班花鼓艺人则认为是《西厢记》中红娘。而吴纶所记康熙年间扬州花鼓小旦则为昭君、渔婆。其实,此为根据斯时花鼓所扮演剧情而定,演唱《昭君怨》时,小旦为出塞和亲之王昭君,演唱《花婆子过关》时,小旦则为渔婆。《救驾》在晚清时期一度流行于许多剧种,反映出民间普遍的反清思想,故这一时期花鼓中小旦扮演红娘子因缘有自。

小生(上手)舞蹈身段及特点与扬州地区各路花鼓相类似,主要表现在与小旦配合默契,形成刚与柔的对比。西下洋班花鼓"上手"表演以"抛"出名,即在表演高潮时将手中小锣高高抛出,并在被转身接住的瞬间击响,技巧性极强,非一般演员能为。这一舞蹈技巧非常有助于体现"上手"角色英武干练的形象,可能是花鼓班演员受佛教法会中"飞钹"技巧的启发而创新动作。小生之所以称"上手",乃演出中领舞或以其为主之意,除"打花鼓"部分以小旦演唱为重外,整场演出中(如打莲湘、翘荷花等人数众多的群舞),小生均处于主导地位,故称"上手",其余演职人员,则为"打下手"。

1952年年初,江苏建省,进行大规模区划调整。东台县撤销栟北区,将角斜划给海安县,将栟茶、浒澪、旧场等乡镇划给如东县。西下洋周边地区众多自然村一分为三,其中西南部滩河等村划入海安县角斜乡。东北部富滩等村划入如东县旧场乡。东南部陈湾(红霞)等村划入如东县浒澪乡。沿海地区花鼓随之成为东台、如东、海安三县共有的民间艺术。

20世纪60年代,沿海地区花鼓由群众文化艺术工作者挖掘整理,分别向歌舞和戏剧两个方向发展,形成海安花鼓和浒零花鼓戏两个艺术品种,均取得重要艺术成果,同时被列为江苏省非物质文化遗产名录。特别是海安花鼓,多次应邀参加国家大型演出活动和外事演出,影响较大,并且在本县及周边县市群众广场舞蹈活动中广泛普及,深受群众喜爱。

上 灯

正月十五,是全年第一个月圆之夜,故称为元宵。元宵即上元节,亦称灯节。不过海陵东乡人没有称元宵或上元节的,均称之为过正月半。虽名称不同,节庆内容与形式却是与别处一样的,即上灯。"十三上灯,十八落灯",此为灯花期。灯花期间如遇下雨,则称"灯花雨"。歌云"正月里来是新春,家家户户点红灯",灯花期间,农家在门前高挂纸糊的竹骨子红灯笼,于每晚点燃灯内蜡烛,以祈求丰年。如遇雨天,则在灯笼上盖上箬笠,照常燃点。街上商家则多在店铺前挂上写有商铺字号的各式灯笼,上灯附带广告作用。较大商号则悬挂红木雕花琉璃宫灯或特请灯彩手艺人制作的走马灯,以显示店家实力。城里殷实人家,除大门前张挂圆形大红灯笼外,还会在天井或堂屋内悬挂各种瓜果动物肖形彩灯,如莲花灯、西瓜灯、金蟾灯、蝙蝠灯、金鱼灯等,统称灯彩。这些灯彩扎工精巧细致,造型生动逼真,细篾骨子,贴以各色皱纹纸,更讲究的还贴了"蝉翼笺"或半透明的红油纸,俗称"玻璃纸",点上小拜烛,平添无数喜气。肖形灯中最漂亮的要算莲花灯了,特别讲究的用中药店卖的通草染以画家画牡丹专用的"西洋红"颜料,从浅到深染成荷花瓣,超级逼真!这些肖形彩灯以如皋城内几家扎灯店铺做工最好,每到灯节前几天,这些店铺门前总要挂上大量五彩缤纷的灯彩样品,许多人不嫌路远,特地赶到如城购买。如皋东城靖海门的灯市传统延续到现代,仍很兴盛。一般人家也要自己动手扎一只工艺简单的兔儿灯,装上小木轮,点了小拜烛,让小孩子拖着满街跑。小孩玩的灯除了拉的兔儿灯,提的肖形灯外,还有推的绣球灯。绣球灯比较难扎,一般都是到灯市上买的。所谓绣球是一个多面体的纸扎的球,有一个篾制的架子,架子上有一根竹竿,架子下安了两只木轱辘,手执竹竿,向前推

如皋灯市

如皋淌子灯

移,纸球即不停地滚动。制作难度更高些的绣球灯有两只纸球,推动时能相向转动。更妙的是无论怎样转动,球灯中间点的小拜烛却保持竖立不倒,直到烛芯燃尽。

城隍庙、龙王庙、都天庙等道教系统寺庙都要在上元节置屏灯,俗称"放牌灯",也有称"看围屏"的。这些高约一米、宽半米的长方形屏灯,细木为框,白绢为底,上面细笔彩绘《三国演义》《封神榜》《西游记》等古典小说中的人物故事,屏后点蜡烛,将画面照得透亮。一堂屏灯约三十幅,实际上是一件大型的连环画作品。观众争相观看,摩肩接踵,热闹非凡。

旧时乡下正月半上灯还有一项重要活动,即"扯天灯"。这是一项以自然村为单位的集体活动。上灯日村里主事老人召集青壮年,在本村土地庙前,竖起一根十几丈高的杉木杆,在木杆竖起之前,先穿上数十道竹篾圈,每道皆以麻绳相系,木杆竖起后,这些竹篾圈依次由高到低悬挂,状似龙骨,然后在每道篾圈上挂上长圆形细篾扎成梅花格子的红纸灯笼若干只,原则上每户一灯,灯笼上写上各户姓氏。这种专用于"扯天灯"的小灯笼要在红纸上刷上一层薄桐油,阴干后使用,以防雨淋。高高的杉木杆顶端系有木滑轮,俗称葫芦,待全村各家各户都在竹圈上挂好灯笼并点燃蜡烛之后,便像扯船篷一样拉动麻绳,将挂满灯笼的竹圈向上拉,直到第一只竹圈抵达木杆顶端,系好绳头,便告成功。此时挂满高杆的红灯笼在夜空中犹如无数彩球,红光闪烁,蔚为壮观!"天灯"竖起后,便不受"十八落灯"限制,一般总要上到"二月二,龙抬头"始撤。"扯天灯"风俗已消失数十年。但随近年一些自然村土地庙逐渐复建,亦有少数地方开始恢复"扯天灯"活动,不过规模甚小,一根竹竿上挂上一盏大红灯笼而已,现在似乎没人会扎那种细篾竹骨梅花格子的油纸小灯笼了。

如皋花灯

"上灯圆子落灯面",元宵节吃汤圆似乎是所有地方共同应景风俗,但汤圆做法各有不同。本地以叠屑圆子为其特色,与普通常见汤圆有很大差异。所谓叠屑圆子,其特点主要体现在叠字上,不同于一般汤圆都是手搓而成,而是一层一层多次叠起来的。具体制作过程:糯米春粉晒干备用。花生、芝麻、核桃仁及桃酥或麻切等茶食碾成碎屑,洒上干桂花,加白糖、猪板油丁拌匀,搓成蛋黄大小圆馅,将一只竹筛大小的细簸簸箕内撒上一层糯米粉,再将已搓好的圆馅依次放进小簸箕,双手抓住簸箕边框,左右筛动,糯米粉便将滚动的圆馅裹住薄薄一层。圆馅在这一小簸箕里裹好,倒入一边大簸箕中,再做下一批。如此继续,待所有圆馅均裹好第一层糯米粉并倒进大簸箕后,最重要的一环,叠屑就开始了。一般家庭做叠屑圆子,不可能有专用的木架,只需在地上顺摆两根圆木棍就行,然后将装好圆馅的大簸箕搁上木棍,撒上一层糯米粉,双手前后迅速拉动簸箕,原先已经裹上一层米粉的圆馅便在大簸箕内快速滚动起来,再次裹上一层糯米粉。如此重复数次,待所有圆馅均已裹上厚厚几层糯米粉之后,叠屑圆子便告做成,只待下锅煮熟了。叠屑圆子最大的优点在于吃口极佳,糯而不粘,圆馅香甜油酥,老少咸宜,既可当元宵主食,也可做待客点心。不过做客时主家如招待以叠屑圆子,吃者可要留意了。主家一般碗内盛六个圆子,六六大顺,你要懂得规矩,不能都吃了,一般总要留两个,不能都"捞了"。这些规矩,通常都是小孩子在出客时由家长告知。

  正月半最大的户外集体活动是灯会,本地称作兴灯。一般由镇以上官方主办,具体承办单位大多为商会或行业协会。中华人民共和国成立后,由政府文化主管部门组织。灯会看年景或政局而定,不是每年必兴,差不多三五年一次,无定规。旧时如皋、海安、掘港等有城墙的城镇,灯节都要在城门上插柏枝、冬青,缀以纸花,形成五彩缤纷的彩门,民国后城镇有了电厂,这些彩门上便装饰了成串的红绿灯泡,闪闪烁烁,格外喜庆。石板街上通衢路口也要搭上彩棚,挂上彩灯。

  民国十九年(1930),泰县第八区海安农业丰收,市场繁荣,区所决定正月半兴灯。此次兴灯,规模超过以往历次灯会。除传统的各种彩灯外,还出现了由少女们举着高近2

米的琵琶灯的队伍,少女们边歌边舞,不断变换队形;伴奏乐队二胡、三弦、琵琶、笛子、笙、箫、唢呐等丝竹乐器一应俱全;更有被戏称为"各打各"的曲塘锣鼓;荡湖船、踩高跷、挑花担、跳马灯、打莲湘等,一路上引得大街两旁观众如堵。"跳马灯"是此次灯会的一大亮点。其所用之"马"为竹篾扎制,马头用白布缝在篾竹架上,以彩墨绘之;马身以花布披围,分两截系于跳马灯艺人的身前身后。表演时,以"八骏"为一队,前有一人扮作马夫,手挥彩旗,吹着口哨,指挥"八骏"或奔跑,或徐行,作"穿花""穿八字""游四门""螺螺结"等队形变化。另有一人穿黑衣,系黑布竹篾制作的叫驴,在"八骏"间任意穿行,动作夸张滑稽,极为活跃,尤为观众注意。"八骏"除了大人扮演外,这次闹花灯还首次出现了孩子们扮演的"小八骏"。

海安镇浴室工人表演的"九狮图"也为海陵东乡独此一家,区别于各地均为两人配合表演各种动作的狮子舞,而是一人扮演一头狮子,俗称"草狮子"。狮头、狮尾为篾扎纸糊,狮身则由相互联结的数只竹圈组成,糊以纸,或黄或红,或白或棕,色彩各异。每狮有两柄,一人双手交会挥舞耍动,狮子便摇头摆尾,生动有趣,特别为孩子们所喜爱,一路追随观看。表演时九只狮子为一列,以不断变换队列图形取胜,常用队形有"垒宝塔""四门阵""串八字"等。

海安北乡的罗汉龙亦为龙舞一绝。与一般九曲十回、翻江倒海般的传统舞长龙不同处在于,海北丁姓家族祖传数代的罗汉龙以高难度的"叠罗汉"特技为长。其"叠罗汉"除能叠至五层,将持彩球者送至与街楼同高外,还有号称七十二种套路,其中最吸引观众的是叠成宝塔形罗汉后,除顶端持彩球者挺立不动外,所有各层人员均仅以双腿互相勾连,双手放开,上身向外向后仰翻,形成优美的立体荷花造型,称之为"撬荷花"。每当这一极高难度的造型套路完成时,场外立即响起震耳欲聋的鞭炮声,沿街商家为之庆贺!观众情绪达到热点。

随着"跳马灯""九狮图"的到来,"花鼓队""罗汉龙"的加入,闹花灯便进入了高潮,古老的海安镇也仿佛成了沸腾的海洋。

中华人民共和国成立后,海安镇的兴灯活动并未停止。1949年的提灯大会,一些老人至今记忆犹新。这次灯会,单是龙灯就有浴室业的白龙、航船业的青龙、搬运业的金鳞长龙。特别不同于以往灯会的是,灯彩中出现了大量的五角星灯,这是中华人民共和国国旗上的五角星,成为最受人们喜爱的灯彩造型。而1959年的兴灯,正逢中华人民共和国国成立十周年,各行业走向集体化,不同的特色花灯便成了一些企业和团体的"名片":五星农场的瓜果灯、蔬菜灯;闸东大队的麦穗灯、玉米灯;渔业大队的花鱼灯、螃蟹灯、食品公司的肥猪灯、鸡鸭灯……提起这些灯,有些老人至今还津津乐道。再以后就是改革开放后的1980年、1983年的大型灯会。特别是1983年,海安镇人民路上人头攒动,灯会不仅有高跷、走马灯、花担、荡湖船、河蚌精、花鼓等传统节目,还有县城各单位精心制作的电动彩灯,这些历次灯会从未有过的电动彩灯吸引了很多人的眼球,营造出一派热烈、喜庆、祥和的节日气氛。

时代在发展,灯会也在变化。近年,海安城里的灯会不仅时间长,主题鲜明,内容也更丰富了:既有元宵广场文艺演出、赏灯猜谜,也有系列民俗表演和五彩缤纷的焰火表演,不少花灯还配上了优美的音乐。一些旅游景区还引进外地大型灯彩表演,如四川自贡灯彩、LED梦幻灯彩等,充分展示了浓郁的地方文化特色和现代高科技生活景象,让生活在这片热土上的人民由衷地感到快乐与惬意。

猜灯谜，赏花灯

正月半晚间，城里人合家观灯之时，乡下农民则忙于在田头地边"放哨火！"

"放哨火"习俗，据说源于明代抗倭。明代中叶以后，被称为"倭寇"的日本海盗经常到我国东南沿海地区武装抢掠，海安、如皋、掘港等地均属屡遭倭患的重灾区。为了抗击倭寇，沿海地区的人们用柴草扎成火把，在高墩上轮班放哨，称之为"哨火"，发现敌情即点火通报，四乡八里的老百姓便齐举火把，赶来助官兵作战。久之，便形成正月半"放哨火"的习俗。

海安、如皋西乡称"放哨火"为"炸麻串"。童谣唱道："灯笼亮，火把红，正月十五炸麻虫。""炸麻串"是"炸麻虫"的近音。其实"放哨火"的真实用途正是"炸麻虫",因为农作物害虫均在田头枯草中冬眠,此时"放哨火"烧去田头枯草,等于大量消灭了害虫,故称"放哨火"为"炸麻虫"也很贴切。所谓"麻串"其实是指用于"放哨火"的扎成长串状的柴草把子。

正月十五一早,农民就开始做"放哨火"准备,找出细麻绳,收拾红柴草,扎起了"麻串"。红柴草是成片生长在荒田上的茅草,入冬之后,长如剑状的草叶红红的,有一人多高,俗称茅子或红茅草。除了旧时用于穷人家盖草房或烧火,或打绳,还有一个用途就是扎"麻串"了。不过狭义的红柴草却是特指一种生长在河坎边的茎秆发红的细小芦苇,亦称红柴,讲究些的就用这名副其实的红柴草扎"麻串"。这种红柴"麻串"比红茅草扎成的"麻串"要经烧许多,一根"麻串"可烧几千平方米的田不用换。扎"麻串"也有讲究,平常年景扎十二节,闰年要多扎一节,以应当年十三个月。"麻串"把子大约碗口粗细,长约丈余。讲究的还要在每根"麻串"上插两只小爆仗。待夜色渐起,合家晚餐之后,男人摆上香案,点燃香烛,望空祷告,接着就点燃"麻串",快步走向野外,边引燃田边地头的枯草,边挥舞熊熊燃烧的"麻串",口中高唱不知哪代祖辈传下来的歌谣:

"正月半,炸麻串。人家的菜,铜钱大,我家的菜,盘篮大;人家的菜,生了癞,我家的菜,上街卖!正月半,炸麻串。人家的菜,挑一行,不够老娘尝一尝;我家的菜,挑一棵,全家吃得暖和和……"

也有唱:"正月半,炸麻串。拾个穗头儿称斤半,爹爹称把奶奶看。"还有即兴创作改成"拾个奶头儿八斤半"之类嬉谑诙谐歌词的。

此时夜幕下,田野上到处都是枯草燃起的火光及"麻

放哨火

串"舞动的火星,孩子们兴奋地追逐着火光疯闹。老农们则聚集在一起,边抽着旱烟,边观察火色预测年成好坏。一般认为,火色深红主旱,火色发白主水。在靠天吃饭的旧时岁月,农民最大的愿望就是能有一个风调雨顺的好年景!

正月十八落灯,春节主要节庆活动便告结束。出远门做生意、打工者就收拾行装陆续起程了。

旧时某些行业正月里还有一些小型活动,如正月二十四日,粮行、饮食业举行雷祖会,以祈求不致因粮食有浪费而遭雷轰电击。

正月二十三日,少数富裕人家办火焰会,祈祷火神不要光临,保佑火烛平安。此习俗现已不存。

放 风 筝

除灯会等大型公众娱乐活动外,春节期间平常休闲娱乐活动也是花式繁多。一般成年人多在麻将桌上消磨时光,妇女则多是摸长牌儿,谓之"搭子胡"。男孩子则以抛铜钞为主要游戏,因为较之平常,春节期间抛铜钞可以允许有几分钱来去的输赢。一年当中只在春节农闲时间可以大玩一下的则是放风筝。不仅仅是因为农闲,更重要的是放风筝需要大片场地,此时在农田里放风筝,不仅不会踩坏麦苗,甚至可以借助踩踏,适当控制一下麦苗的生长,以防暖春,麦苗提前拔节疯长。如皋风筝远近闻名。传说远在三国时期,东吴与曹魏争夺江北隙地时,便有人利用风筝给大司马吕岱(如皋人)通风报信。明末戏剧家李渔在如皋出生并度过少年时期,他所作传奇中有一部《风筝误》,显然其幼时深受如皋风筝活动的影响。曹雪芹对如皋风筝也有记述,所作《北鸢南鹞考工记》中的"南鹞",即指如皋风筝。清乾隆《通州志》则称:"风鸢出自如皋……春日竞放,他邑所无。"①据如皋文史学家赵云舞先生《郭氏风筝》文载：及至清末民国初年，如皋已出现生产风筝的手工作坊，仅如城一地先后就有五六家，其中如南北二柳以板式风筝为主，朱家裱画店以硬翅风筝闻名，戴家画像店则以软翅风筝享誉。如皋风筝进入商品领域，既反映了放风筝在此地的繁荣程度，也说明其风筝扎制技艺的日臻精进。此期间出现了一批如皋风筝名艺人，如夏寿泉擅工人物造型风筝，乃至以后不敢轻易出手，唯怕"人到天上就活起来"；洪家龙扎制的禽鸟风筝，最受人们喜爱，通常供不应求；章文秀制作的板鹞重达百斤，最大的哨音葫芦直径近半米；特别是石紫绶、石维林父子制作的"石氏风筝"，得与北京"哈氏风筝"、天津"魏氏风筝"齐名，曾有作品被选荐入贡清廷，并先后获南洋劝业展览会金奖、江苏省物品展览会优胜奖，载入《江苏物产志略》。"石氏风筝"以彩绢蒙绷，大件可以折叠装盒，在当时可谓大胆创新。坊间传说"石氏风筝"一只"扣嘴老鹰"，放飞时竟遭真老鹰袭击，被啄得遍体鳞伤！足见如皋风筝之造型生动逼真程度。乾隆《通州志》云："自草虫、鱼鸟、舟船，至于仙佛，无巧不备，大者数丈，软翅者能一排九雁、十三雁。"②当代如皋风筝以郭文禾先生创始的郭氏风筝为翘楚，其作品种类齐全，板鹞、硬翅、软翅、串翅俱有，花鸟虫鱼、仙佛人兽无一或缺；制作精美，结构轻盈，造型生动，彩绘精工，内涵丰富。特别是将板鹞与造型风筝结合起来，形成一种"浮雕"型风筝，既可以用于放飞，又可以于平时悬挂壁上，成为独具民俗特色的家装饰品，是为郭氏风筝适应

---

①尤世伟：《南通文化特色》，苏州：苏州大学出版社，2006年，第301页。

②尤世伟：《南通文化特色》，苏州：苏州大学出版社，2006年，第301页。

时代发展的一大创新。

  如东风筝与如皋风筝同出一源,故风筝品类大致相同。但其能在放飞中发出悦耳声音的哨口风筝为其主要特色。所谓"空中交响乐",即为如东哨口风筝雅称。哨口大多安装于板鹞风筝之上,故如东板鹞风筝种类较多,有"六角菱""八角菱""七簇星""九簇星"等,特大的组合风筝有"七串联""十三串联",最大的为"十九串联",即用十九只六角形风筝组合串联而成,放飞场面极其壮观,须数十人齐心合力,才能将其放飞上天。如东哨口风筝以潮桥吴家哨口最为出名,从清代吴二虎子开始,制作风筝哨口手艺一直传留至今。吴家哨口形、声俱佳,一时声名大噪,影响遍及如东四邻地区。哨口一般由竹管、葫芦等制作,大的碗口粗,小的笔管细,每三只依次大小的哨口粘成一联。每只板鹞必须从顶到底顺次排列由小到大的顶排、中排和排脚共三排哨口,高中低音哨口配合得当,放飞时发出的音响才悦耳动听。特别是特大型的"十三串联"以上风筝放飞之后,由于安装了总

放风筝

数达几十联乃至上百联的哨口,在空中风力的作用下,产生高分贝的和声效果,声传数里,振奋人心。"鹞子满天飞,家家有得收",放飞风筝既是正月农闲时的娱乐,也寄托了农民盼望好收成的朴素愿望。故旧时放风筝还须先在堂屋香烛拜敬。放飞时,几人乃至全村几十人分成"丢"和"背"两组,统一号令,行动协调,配合默契。风筝一飞冲天,人们欢声雷动,认为这预示着年景大好,万事如意。

第三章　百花生日

二月二

"二月二,接女儿。"正月刚过,家家户户就准备酒菜,收拾房间,安排车船去接已出嫁的女儿回娘家。海陵东乡童谣:"二月二,家家户户接(带)女儿,爷(念作"洋")娘不接穷鬼儿,丫头不来烂腿儿,女婿不来肉龟儿。"故父母非接不可,女儿非归不可,女婿更是非陪不可,否则就要受到社会舆论的谴责,此为民俗对社会行为的约束力表现之一。二月初二,无论贫富,无论城乡,凡有女儿出嫁的父母都要将女儿、女婿、外孙(女)一同接回娘家,共享天伦之乐。

二月初二,正值繁忙辛苦的春耕农事即将开始,作为担负着家务劳动和田间劳作双重任务的妇女,又将重新"起五更睡半夜",辛劳忙碌不休。父母惦挂女儿,全家借此风俗团聚一次,叙叙亲情,然后各分东西。民间还有一种说法:"二月二,龙抬头,家家接女诉冤仇。"女儿回到亲娘身边,免不了要把在夫家的种种委屈向母亲哭诉一番,做父母的也免不了对女儿、女婿劝说几句。女儿在娘家得到心理上的温暖慰藉,当然,最后还是要欢欢喜喜和丈夫、孩子一同返回自己家里。旧时接女儿,一般总是娘家请人用独轮车接

二月二,回娘家

送。海安里下河水乡则多用小船,故河北地区有俗语:"二月二,家家撑船带女儿。"后来有了自行车,则多由女婿自己骑车前往了,前车杠上坐着孩子,后衣包架上侧坐着裹着花头巾挡风的媳妇,缓缓骑行,成为此日乡村泥路上一幅温馨可人的景象。20世纪90年代,摩托车、电动车取代了自行车。21世纪以来,村村通公路,公交车开到家门口,女儿回娘家更方便。近年开着私家小轿车回娘家的也是普遍现象。

青蒿饼

"二月二,挑蒿沓粑儿。"二月初,已至数九后期,天气逐渐转暖,乡村田埂沟坎上草芽萌发,一些青蒿最先长出嫩绿幼苗。农妇赶在女儿回到娘家当天早晨,挎着小竹篮,踩着霜花到田埂沟坎上采摘青蒿苗。青蒿苗洗净,切碎,加水和在糯米粉内,抓起一小团,双手稍加拍击,拍成小汤碗口大小的圆饼,顺势沓在热锅边上,温火烤至两边略呈金黄色,铲起装盘,让女儿、女婿、外孙(女)趁热品尝。青蒿嫩绿清香,粑儿外脆里软,是一道城里人无法享受到的名副其实、独具特色的原生态绿色美食。

不止挑蒿儿,二月出头乡村可挑的野菜很多。最普遍的就是挑荠菜了。荠菜包春卷,更是可上城里大饭店台面的名菜点了。荠菜没有青蒿野,虽说岸埂沟坎里也有,但大多还是长在麦田边上,长在麦田边上的多少沾了熟土里一点肥气,叶子较岸埂沟坎上纯野生的稍鲜嫩些,吃口要好得多。春卷是二十四节气首位立春家家必吃的时令菜,系从古俗"咬春饼"衍化而来。薄如纸的面粉春卷皮子家里无法做,要用特制的小铁鏊炭火加热摊制,故要从街上专摊春卷皮子的小摊上买回。荠菜洗净焯水切碎,和以肉丝、蛋皮丝,茶干丝加佐料拌匀,包在春卷皮子里,约一分米长条形,下锅油炸,呈金黄色时捞起装盘。炸熟的春卷很像一根根金条,故城里一些饭店即把春卷菜名写为黄金条。春卷外黄内绿,外脆里嫩,色香味俱佳。现在农田大量施用除草剂,野生荠菜不多见了,市面上的应时荠菜大多是菜园里人工种植的,虽名荠菜,已没有过去野生荠菜的独特口感与草香味道了。

二月里挑野菜,姑娘、嫂子上岸下坎掐枸杞头也是一景。枸杞头即枸杞树的嫩枝头。所谓枸杞树,其实是一丛灌木,多生长在野河浜岸坎上,枸杞秋季结子,鲜红欲滴,为滋补佳品,是人人皆知的中药材。枸杞枝头萌生力很强,故掐得再多也无妨。过去野河浜多,枸杞树也多,常有近城的乡下女孩子掐了枸杞头,用竹篮子挎着上街叫卖:"枸杞头来!"

枸杞头可下油盐炒食,如炒豌豆苗一样。但更常见的吃法是凉拌。开水焯了,切碎,加头抽酱油、镇江香醋,少许白糖,再滴一些小磨麻油,拌匀即食,那滋味,著名作家汪曾祺先生曾有评说:"只能说极清香。"凉拌枸杞头、凉拌荠菜,都有更讲究的拌法，即除常用油盐酱醋糖外，还有用茶干切成细丁，干虾米水泡后剁细，与切碎挤干的枸杞头或荠菜拌匀，在白瓷盘中堆成尖塔形，临吃推倒即可。此菜亦为酒席凉菜。春天吃枸杞头，据说可以清火。

"二月二，剃龙头"，也是东乡一俗。是日，各家理发店早早烧好热水，开门迎客。许多老人此日带着小孙子去"剃龙头"，图个红运当头，一年都有精神头！

海安北部里下河地区还有"二月二，吃猪头肉"的习俗，"吃了猪头抬龙头"。腊月里杀年猪，猪头用花椒、精盐腌起来，挂在屋檐下风吹日晒。一个年节下来，待到二月二，年猪肉已吃完，就剩一只猪头了。"惟余头蹄，于是日煮食之。"[1]此日将风干的猪头泡水、煨熟、剔骨、切片，腊香味美，成为应时佳肴。海安墩头猪头肉已成远近闻名的地方特产。

"二月二，龙抬头，王宝钏绣楼抛彩球。"利用春耕到来之前的一小段农闲时期，说媒的走村串户，为一些青年男女牵线搭桥。海安如皋交界地区旧时有此习俗。

做　亲

儿女婚姻将原不相识或非亲非故的两家结为亲家，故称做亲。海陵东乡旧时婚俗过程与其他地方大致相同，一般经过纳采、问名、纳吉、纳征、请期、亲迎等六个阶段，又称"六礼"，老海安人办喜事，就叫"行周公之礼"。纳采为委托媒人提亲，再由双方家庭采纳。这一阶段须经访亲、相亲、看人家等程序。访亲为经媒人介绍后，双方家长各自私访，着重了解对方品行脾气、家庭经济条件状况等。相亲主

---

[1] 徐海荣：《中国饮食史》（卷6），杭州：杭州出版社，2014年，第75页。

要由媒人陪同男方到女方家，让女方家长看长相人品，俗称"看相公"，姑娘一般不出面，躲在房里暗中察看。看人家则是媒人陪同女方母亲或姑嫂等人至男方家中观察，大致中意即在男方家中吃饭，不中意则随时告辞。

　　问名是为定亲请庚帖，即写有女子芳名和生辰八字的"草纸帖儿"。也称"压帖儿"，或称"发口谕"。用草纸写女子的生辰八字，加一张空白草纸，以示成双，再用红纸封皮，折成四边有口的方纸包，由媒人送至男方家中，压在圣柜上右方香炉脚下。三日之内家宅内如有碎碗破甑、夜间响合、孩童纷争之事，皆称不祥，即退帖，终止议婚。

　　纳吉为请算命先生算双方八字相合相冲，是否适合婚配，祈求吉利。

　　纳征则为经媒人斡旋议定礼金、首饰、衣物等聘礼后，男方于选定吉日，正式到女方家下聘礼，交换龙凤庚帖，也称"下定"，确定双方联姻关系，俗称订婚，当日，男女双方均要办酒席，宴请媒人和亲朋好友。此后逢年过节，男方均要向准岳父岳母家送礼。女方家适当回礼。

　　请期，俗称通话，即商定成婚良辰吉日。亲迎则为正式迎娶。

　　发嫁妆。喜日前三日内，男方家请人到女方家迎奁妆，俗称发嫁妆。嫁妆以多为荣，嫁妆清单由媒人交男方主母亲收。新房内除婚床外所有家具，均由女方家陪送，一般有摞橱、梳桌、衣箱、马桶、脚盆等；20世纪80年代后发展为新式大衣橱、五斗橱、自行车、收音机、录音机、电视机等；21世纪以来，则新添了电动自行车或摩托车，一些富裕人家甚至为女儿陪送小汽车。

　　东乡各地发嫁妆程序大致类同，但如皋城内人家发嫁妆较他处更为隆重，可能因为此地民丰物富，也是因为老城内传统文化积淀更为深厚，礼数较多。周思璋先生曾有文记载如皋"迎铺盖"，即发嫁妆，如皋人也称"行嫁妆"。有钱人家嫁妆多，一抬一抬的，有意从街上经过，少则40抬，多则80抬、120抬。橱、柜、桌、椅等大件家具是两人或四人抬，小件器皿则放在80厘米长、50厘米宽、15厘米深的红漆木盘里抬。抬嫁妆不能用麻绳，一律用狭幅红布，绸布店、嫁妆店都有得借。木盘是向专业出租喜丧用具的店家租来的。每逢"好日"，就有些闲人到街上等着看行嫁妆，叫作看"迎铺盖"。这"迎"字不作"迎接"解，而是"展示"的意思。

"迎铺盖"之前，男女双方都要请几位懂礼节、有经验、能写会算的亲友，组成"账房"。嫁妆单子由女家账房拟好，哪一样在前，哪一样在后，都有一定的顺序。嫁妆单子写在玫红纸上，由领队的交给男家账房，便于照单验收。清单具名是"某某账房"。抬工是请来的农民、工人，虽然布衣布鞋，但穿得整整齐齐。每一抬还另有一张红纸单子，写品名、数量和编号。一只写"成件"，两只写"成对"。还要配上吉祥语，如"富贵烛台成对""百子桶成件"等。大户人家陪的嫁妆除新房里的用具、装饰品、梳妆品、衣服布匹、被褥枕帐等外，有的还陪八仙桌（或圆桌）、宝座椅、茶几、宫灯、插镜、花瓶等厅堂用具，此有专用名词，称为"出堂"。

"迎嫁妆"队伍顺序亦有讲究。第一抬规定是一只有红漆木架子的大铜盆，盆里堆着木炭条子，上面用红绿丝绒网着，是冬天烤火用的"旺盆"，以图"家道兴旺"。随后是"盘头"（专业为人家喜事服务的人员）挑着红漆木板畚箕和棕扫帚各两只，以及红绿布各两方，是做抹布用的。单子上写"箕帚百年"。因为旧时重男轻女，到人家做媳妇叫"以奉箕帚"。箕帚挑到男家堂上，盘头说"合子"："箕帚进门打个招，府上金银动担挑。"再后是装着四季衣服、布匹和"填箱"铜钱的橱柜、箱子，外面贴着红纸双喜字，白铜锁上挂着绣花荷包。铜器、锡器、瓷器上都有绒花、绢花或红

嫁妆

纸剪的吉祥图案。最后是被褥帐枕。还有一对"坐子盆桶"和一对宜兴丁蜀镇炒米坛子。更讲究的人家甚至还陪有一张小木床和配套的被褥帐枕,是为未来的外孙(女)准备的。男家账房对照清单查收后,发给抬工喜钱。

周先生回忆:"民国初年,大刘家巷祝家娶媳妇,女家住在东马塘,装了两大船的嫁妆,停靠在东门外濠河边。120抬嫁妆队伍如一条长龙,前面已到祝家大厅上,后面船上还有。东大街上人山人海,都赶来看'迎铺盖'。"

陪嫁东西再多,雨伞和扇子不陪,"伞"与"散"同音。要到次年夏天,女家送夏衣、阳伞、扇子、西瓜等,称为"送夏"。

陪嫁珠宝首饰及大户人家陪的田契不能放在嫁妆里抬,是贮在小红木长方提盒里,锁上小铜锁,放在新娘轿子里,由妆娘拎着跟新娘进房(现代红木提盒改为小红皮箱)。陪姑娘的田叫作"米粉田"(实际是脂粉田的讹音),此田以后所收租金专供新娘零用。

铺床,男方家请一对三代齐全或儿女双全、家庭安泰及属相相合的夫妇,俗称"福佬儿""福太太",帮助铺床。"福太太"负责缝被单、张帐子、贴"囍"字。在被盖内撒上花生、红枣、桂圆,寓意早生贵子。在喜日前一晚上还要暖房,请未婚童男先睡婚床。婚床上帐子很精美讲究,一般总要是水绿或竹青色湖绉做成,前面挂着大红缎子绣花帐沿,绣花飘带、白铜帐钩、煮金帐索和彩色的手工绣制"金鱼""绒粽"香袋。

迎娶,新郎请车队到女方家迎亲,迎亲车子从旧时的花轿到现代的小轿车,随时代发展而变化。给"开门封儿"、送亲、跨旺火盘、拜堂、入洞房、坐富贵(铺了红毯子的床前方杌上)、饮交杯酒、撒帐、闹新房、送房等繁杂礼俗,依次举行。送房为喜日最末一个程序,由"福太太"和妆妈用贴了红纸的竹筛子照窗户、照新娘,以防孕妇和属相相冲之人。"福太太"说"合子"(吉利话)后拉上房门。

海陵东乡迎亲一般总是在半夜进行。周思璋先生回忆:旧时如城比较富裕的人家迎娶新娘皆租用花轿。新郎并不亲迎。男女双方在亲友中物色两位未婚男孩子,作为接亲、送亲的代表。女方送亲代表手执女家姓字、堂号灯笼。这灯笼是篾壳纸糊的,上贴红纸剪的宋体字,如女方姓张,则一

传统婚房

面是"张"字，一面是"九居堂"三字。男方也是如此。事先约好接亲地点（约一半路）。会面时，不交言，互相鞠一躬，各自返回。这不说话是一种迷信忌讳，以免结婚后口舌纠纷。夜间迎亲据说是古时夜间"抢婚"风俗遗迹，"婚"字构成之"昏"即晚上之意。

开脸，婚后第二天清晨，妆妈进房送枣子汤，用棉线将新娘脸上的汗毛绞去，称"开脸"，此后不称姑娘，一年之内统称"新娘子"。

看朝，喜期次日上午，新娘的兄弟前来看望，称看朝。先进新房略坐，新娘敬清茶后，兄弟告辞。新娘出房，向来宾行礼。

待新娘公婆开席待新娘，入座的除新郎新娘外，还要有一个10多岁的小姑娘相陪。上头菜后，新娘谢席。此席仅具象征意义，入席者只吃一点。

下厨。婚后3天，新娘下厨事炊。

回门。多为婚后3天回门。岳父母家以宴席招待新女婿。午后，须趁太阳未落前回家。新娘从娘家用锡茶壶装糖带回家孝敬公婆等尊长。

弥月。结婚满月，娘家兄弟清晨来迎请，并宴宾客。新娘不满月不能到邻居家串门，如有特殊事情须去邻家，则要在门槛前搁置铁火叉，让新娘跨过。

会亲。新郎宴请新娘娘家及双方所有亲戚，互相认亲，结为姻亲。

交生。新娘在夫家过第一个生日，娘家送"寿礼"，称为"交生"，夫家设宴庆生。

21世纪后，婚礼均在酒店举行，由婚礼公司司仪主持，分西式与中式两种，以西式为主，但上述部分礼俗仍须在家中依次进行。

喜　船

海安里下河地区婚俗与其他地区有所不同,特别是喜船迎亲形式,尤具水乡风情特色。

水乡待出嫁的姑娘一旦得了"吉期",亲属都要接她去玩几天,并且邀约平时与其相处甚好的"闺蜜"作陪,以表示惜别的浓浓情意,这称为"晾嫁"。亲人们还要送姑娘一些礼物,称作"花仪"或"添嫁"。嫁前家中要办"待女酒",由父母教导女儿做新妇的规矩。

因海安里下河地区水网交错,港汊纵横,木桥处处,陆路难行,迎亲大多用船,俗称"喜船",也称"轿船"。喜船船头及船篷上装饰红绸花球流苏,船舱内铺设红毯,一派喜气。

良辰吉日,喜船开到女方门前河下,男方先在船上放"高升""双响"鞭炮,通知女方家人,然后新郎上岸登门,先递上红包"开门封",等添足了喜钱才开门迎客,茶酒招待迎亲宾客。

此时,新娘由"五福俱全"的长辈妇女代为梳妆,手中要捏着巾帕,以示"不空手"。新娘出门时须先笡着父兄的旧鞋,表示不占家里的"土财"。新娘要由哥哥或弟弟背着掌灯"送亲",送到喜船上之后,还先要用洗锅帚在船角落上刷抹,留一角不刷,表示"女家可分享男家财气"的意思。

吉时已到,鞭炮齐鸣,喜船缓缓撑篙开行,先在娘家门前河心里回旋打招三圈,以表达新娘对娘家依依不舍之情。

蓝天白云,绿水泱泱。喜船披红挂绿一路前行。逢桥必放鞭炮,引来村民河边桥头围观,船上便有人向岸上人群抛撒喜糖。那原本宁静的水乡,立时响起一片欢腾,洋溢着浓郁的乡土风情。

笔者曾以水乡喜船风俗为素材创作舞蹈《喜船》,由海

水乡喜船

安歌舞团导排演出,深受观众喜爱,入选江苏省音乐舞蹈节荣获金奖,并成为江苏省歌舞剧院的保留演出节目。

生　育

　　旧时,重男轻女,生男报喜。先向新妇娘家送红蛋,9~99只不等,尾数取9,随送毛米粥(新粳米或糯米红糖粥)。向媒人送红蛋、毛米粥,随送谢媒礼品,后向诸族亲送红蛋3、9、19只不等。第三天婴儿洗澡、穿衣、开奶、取乳名,称"洗三"。同时,设宴感谢帮忙者、媒人及娘家人,称"洗三饭"。亲友探望,送"月子礼"。弥月,请客吃"满月饭",产妇可出家门,回娘家。第一百天称"过百路儿",由长者抱婴儿穿行市井,在如城经百岁巷、朱衣巷、状元坊、钱家桥等处,以示祝愿。一周岁称"抓期",设书画笔砚、算盘、秤、尺等器具,任小孩抓取,以卜未来。外婆祝贺,须送老母鸡、"抓鸡面"、衣鞋等物。宴客称"吃抓鸡面",并有寄名、拜干娘等习俗。

取 名

东乡民间习惯于"洗三"时取名,有乳名(小名)和学名(大名),成人后取字定号。取名方法颇多,讲求含义正肃,音韵和谐,标异避讳。

字序:依宗谱,论字排辈,作双名首字,如克明、克信、克宽;作单名偏旁,如政、敏(从文)。

祝颂:吉祥,如吉、祥、如、意等;美好,如玲、巧、俊、美、金、玉等;崇德,如忠、孝、节、义等;寓志,如凌、云、鹏、翔、英、雄、豪、杰等;法古,以古人自励,如禹、肃、亮、瑜、甫等。

五行:阴阳学说称人有五行,缺少则于名字中补救,如缺金用鑫,缺木用森,缺水用淼,缺火用焱,缺土用垚,或用有此类偏旁的字,如银、林、灿、坤等。

纪念:出生地名,如杭州、胶东、东生;父母籍,如锡如、苏冀;出生时间,如春、夏、秋、冬等,8月1日生叫拥军,元旦生叫旦;生肖,如子、丑、寅、卯、虎、兔、龙;出生环境,如战生、梦龙、水生等;出生体重,如九斤;续祖,取父母名字组合或用祖名末字前冠序字,如父名云卿,子名少卿,孙名幼卿等。

信仰:旧时尚文喜用儒字,信佛常用空、了、性、悟、觉、慧、能;信耶稣者多用爱、灵、圣、赐、恩,或径用使徒名,如马太、路德、约翰等。

乳名:带闲字,前加"大""细""小",后带"儿""佬儿""子",如大双儿、细虎儿、小燕子、祥佬儿等。

寄名:旧时常寄名于某一事物,以求保护,如寄名于古钟、酒盅、石狮、门锁、大树、老根及健壮灵巧的动物、山川形胜等,有钟儿、锁儿、狮子等。

向往:旧时想生男偏生女,取名接弟儿、换儿等;生儿子"收不住",抱养一女压头,取名压儿、压宝。

反破:人不聪明用敏字,怕过于聪明容易夭折用稚字,希望长寿偏称咬寿,有眼疾用晴字,有足疾用稳字,出过天花用美字。

做"法":如接生时用筛子做"法",叫筛子;断脐带用嘴咬,叫咬脐;拜和尚为师,叫和尚或另取法名。

兴时:1958年多用跃进、卫星。1966年后多用忠、红、兵、卫东、向东、立新。1975年后多用飞飞、婷婷、彬彬、晶晶。1979年后多用振华、宏观、万元之类。

花　朝

二月十二,为百花生日,海陵东乡称之为花朝。此日家家在房前屋后所栽种的桃李柿梨等果树或栀子、月季等花木枝条上系上红布条或贴上红纸条,以庆百花生日,以求多开花多结果。清李懿曾云,"通州好,韵事说花朝。红树小窗穿耳女,绿杨深巷尝饧箫。拾翠路迢迢"[①],记述花朝节。红

花朝节

[①]南京大学文学院《全清词》编纂研究室:《全清词·雍乾卷》(第13册),南京:南京大学出版社,2012年,第7603页。

树即指在树枝上系红布条。如皋南部地区有闺中幼女于是日穿耳,以备长大后戴耳环首饰之俗。《乾隆通州志·风土志》亦有记载:"花朝郊游访花,闺中幼女以是日穿耳。"[1]小姑娘穿耳时用两粒菜籽在薄薄的耳垂上对捻,等捻到耳垂上的嫩肉都被推到捻点旁边去了,就剩两层极薄的皮时,再拿一根已经在蜡烛上烧过的缝衣针快速戳穿,引进一小段红丝线,等一段时间长老扎了就能戴耳环了。旧时小姑娘都是要过穿耳洞这一关的。

如诗所记,此地花朝节还有尝"饧"之俗,"饧"即麦芽熬制的糖稀,即麦芽糖,如皋海安俗称为"矿糖",麦芽糖冷却后非常坚硬,售卖者须用小刀敲矿成小块,故称"矿糖",尤为小孩喜爱。

卖"矿糖"亦为旧时乡村一景,售卖者挑着一副"矿糖"担子,手敲小铜锣,或吹着竹笛,即诗中所称"饧箫",走村串户叫卖。一般人家均以破布废铁等交换,所用于交换的废品无所不包,连妇女梳头篦下来的头发团成小球,也可以换糖。如东沿海人家小孩则以平时收集的大小一致的文蛤壳子换糖,文蛤壳子可被用于生产包装搽手蛤蜊油。十几个文蛤壳子叠在一起,用芦柴秆儿折起一夹,就可以换一小块"矿糖"。

如皋民间歌舞《倒花篮》,亦为花朝节所衍生。

最初的《倒花篮》表演形式是一老一少父女或爷孙女两人在二月花朝节前后沿门卖唱,老人拉胡琴,少女手拎一只竹编花篮,里面放了许多枝红绿纸花,所唱曲调即为《倒花篮》。《倒花篮》属于扬州小调之一,唱词多为嵌入十二月花名的吉祥祝福词语。此后这一表演形式被如皋西南关帝庙会

---

[1] 杨同春,张自强,施汉如:《江海风情》,北京:大众文艺出版社,1999年,第209页。

行会表演所吸收,并将少女装扮成麻姑仙女,倒执花篮,寓意向人间倾倒鲜花。再后来,随着行会表演队伍规模逐年加大,扮演麻姑仙女的少女也随之增多至8人以上,《倒花篮》便形成了有队形、动作变化的民间歌舞。乐曲伴奏也由最初的胡琴变成了民乐合奏。《倒花篮》曲调优美,加上美丽少女和缤纷花篮,很受观众喜爱,成为行会表演中最受沿途香客

如皋《倒花篮》

追逐围观的节目之一。流传于如皋西南一带的民间故事以神话形式记叙了《倒花篮》这一民间艺术的产生与发展过程。

如皋西南乡土地贫瘠，大多是高沙土、龟背田，特别易旱。传说，在清同治年间，如皋西南乡遭受了一场罕见的两百多日无雨水的大旱，当地财主立即吩咐手下四面出动，八方打听能歌善舞可以娱神祭神的女子。

一天中午，骄阳似火，烤得大地直冒青烟，灾民们匍匐在田埂上，朝着龟裂的田野抽泣。忽然，从村外传来阵阵悲歌，灾民们循声望去，透过风沙，只见一老一少迎面走来，老者面容憔悴，手拨琴弦；少女衣衫褴褛，手持盛满鲜花的花篮，步履艰难，边走边唱。灾民们听到这凄惨歌声不由放声痛哭，一时歌声、哭声萦绕在天地之间。

哪知，歌声随风飘落到财主耳中，财主立即聚集手下，打马扬鞭，顺着歌声寻找而来。财主威逼少女进庙祭神，少女拒不答应，财主一声吆喝，打手们将花篮踩得粉碎，拉住少女就走。少女猛一挣扎，朝着界碑一头撞去，当场头破血流，死于碑下。顷刻天气突变，雷鸣电闪，乌云翻滚，大雨倾盆，财主打马逃走，被雷电砍死。

少顷，雨过天晴，彩虹飞架，从天上传来了优美的乐曲声。灾民们朝天一望，只见少女从彩虹上走来，倒提花篮边歌边舞，篮中鲜花随风飘落，化成了座座粮囤。后来，为了纪念这位少女，每逢青苗会和关帝会，姑娘们就手持花篮边歌边舞，以象征把幸福洒满人间，表达了当地农民的一种精神寄托和向往。这一传说塑造了卖花女的形象，也使倒执花篮显得入情入理。

在关帝会行会时表演《倒花篮》，起初是由八个男青年肩扛八个手持花篮的女孩，边走边舞。后来发展成姑娘们手持花篮，随着《倒花篮》乐曲载歌载舞。风格柔美、轻盈而文雅。缀满鲜花的花篮在整个舞蹈中占有很重要的位置。

整个舞步以"踮步"为主,要求"收腹敛臀气上扬,抽身拔腰线拉长",给人以高而轻的感觉。双臂动作以柔为主,柔中带刚。走动时身体自然摆动,出现"小三道弯"形象。

《倒花篮》的音乐曲调纤细、朴实、流畅,整个旋律起伏不大,一个曲调贯穿始终,运用重复、变调、反行模仿等手法,结束时运用离调手法,既统一又有变化。如皋地区民歌较多的是徵调式和羽调式,而《倒花篮》采用商调式,与其他民歌相比,显得清新。整个舞曲虽然只有短短的十四小节,但循环反复延长也不显单调,它与舞蹈的整个风格极为和谐,细吹细打,给人喜气洋洋的美感。据《扬州画舫录》卷十一记载:"小唱以琵琶、弦子、月琴、檀板合动而词,最先有银钮丝、四大景、倒板浆、剪靛花、吉祥草、倒花篮诸调。"①

1958年,如皋县文化馆宣民彝、郭文和、吴丕能、郭云门及民兵文工团的王建英等,从民间歌舞调查、挖掘中获得的《倒花篮》舞蹈、音乐资料,以《倒花篮》曲调为基础,结合"倒花篮"的意念,经过加工整理而成十二个姑娘手持花篮表演的女子群舞《倒花篮》,另设计"吉祥如意"两个女童,执彩球、绸扇,穿插于执篮姑娘之间,整个舞蹈轻盈柔美而又热烈欢快,成为有浓郁乡土气息的舞蹈节目。

经过多次创编,民间舞蹈《倒花篮》曾两次进京演出,在舞蹈语汇、音乐表现、花篮的制作工艺、演员的服装设计等方面更加丰富精美,成为如皋民间舞蹈百花园里一枝靓丽的花朵。

《倒花篮》舞蹈的特色,首先表现在多姿多彩的手执花篮的动作上,"倒执花篮"是舞蹈最具独特表现力的舞蹈语

---

①中国民族民间舞蹈集成编辑部:《中国民族民间舞蹈集成〈江苏卷〉》,北京:中国舞蹈出版社,1988年,第1009页。

汇,是把幸福洒满人间的美好象征。此外,还创造了"抱斜篮""托睡篮""挽横篮""竖篮""抖篮"等执篮姿态。其次是利用花篮排列造型,也是本舞与众不同的创新,以民间广为熟悉的"巨龙腾飞""龙舟竞发""孔雀开屏"等形象为舞蹈语汇,恰到好处地传达主题思想。最后是舞蹈采用了如皋民间广为熟悉的"三道弯""小跐步"的舞姿,借鉴了我国古典舞中常见的"卧鱼""晃手""掖步""踏步"等基本动作,使舞蹈贴近当代人的生活和审美习惯。摇曳多姿的花篮变化,丰富多彩的舞蹈表现,成就了《倒花篮》舞蹈的辉煌。

《倒花篮》的音乐朴实清新,具有鲜明的如皋地方特色,伴奏乐器以民族乐队为主,如使用唢呐、二胡、笛子、扬琴等,与舞蹈的整个风格极为和谐,完美地完成了表现任务。

《倒花篮》的道具制作,既充分满足了舞蹈表演的需要,又突现了如皋民间工艺的优势。《倒花篮》的花篮用绢纺制作,既是道具又是灯彩,除可供舞台演出外,还有一定的室内装饰性,已成为如皋独有的一种民间传统工艺品。为了更利于舞蹈的表演,将一个花篮竖着从中间一分为二,正面看是四边菱形的半个花篮,背面是一个平面。花篮上固定了三道环增加了高度,环上系满五颜六色的绢花,背面中间用竹片固定一个把手便于手执,这样就尽可能地增加花篮舞的表现力。

《倒花篮》的演员造型,采用了汉民族少女的传统打扮,梳一条齐腰长的大辫子,头戴绢花,手持方手帕,小立领大襟盘纽彩衣、中式彩裤,黑色绣花围腰,绣花布鞋,鞋面上装饰着绒线彩球,看上去盈盈清秀,楚楚动人。整个舞蹈采用我国民间惯用的大红大绿的色调;衣裤、鞋面是翠绿色;头花、鞋上的绒球、手绢和绸扇面都是红色;花篮是以绿色衬着红色粉底为主的绢花装饰,创造出一种富贵、喜庆、热烈的气氛,也就为广大群众喜闻乐见。

植 树

　　花朝节前后，正是植树的最好时节。海陵东乡本土树种有桑、榆、杨、枸、柞等，多野生于河塘沟坎等处，近数十年来，农村土地平整，条田方格化，大量野沟塘被填埋，这些野生树种存世量越来越少。特别是一些此地独有的地方珍贵树种如柞榛等已基本绝迹。柞榛树极难成材，需经百年才能长成，木质特别坚实细致，木纹卷曲优美，可制作传统高档家具，号称江北红木。

　　政府领导下的有计划地大规模植树，始于20世纪60年代。曾经引植过一些外地经济树种，如泡桐、刺槐、水杉、枫杨等，主要用于计划经济时代本地农用及日用木材短缺问题。这些速生型经济树种，成才期较短，确也曾在一定程度上起到了预期作用。刺槐、水杉可用于农房梁柱，泡桐、枫杨则用于制作箱橱等板式家具。

　　海安西南高沙土地区还曾经试验培育过一种乔木桑，将本土普通桑树经人工修剪培植为主干独枝直上生长，最终长成独干杉木状树型，可用于农房建材，因木质较刺槐优秀，条形也很好，很受农民欢迎。中央新闻电影制片厂曾来海安拍摄科教片，向全国推广。

　　21世纪以来，以上这些树种已不再栽植，取而代之的是大量路道、园林绿化树种，这些路道、园林绿化树种也以引进外地树种为主，主要树种有香樟、榉树、雪松及桂花、紫荆等。特别是香樟树，树型美观，四季常绿，树叶中所含樟脑素，又有防治虫害与净化空气的作用，是目前此地绿化植树中的最大用量树种。香樟原本生长于长江以南，经过人工培植驯化，现在已经成为江北路道、园林主要绿化树种之一。

　　旧时海陵东乡农村人家二月植树主要以桃、柿、杏、梨等果树为主，一般栽种在住宅前面晒场下向阳处。门前墙边则栽植一些花树,如栀子、月季等,不少人家还栽植木蓄花,木蓄花细长柔软的枝条沿墙牵上屋檐,花开时节,一片雪白芬芳,农历三月十九观音菩萨生日,正是木蓄花盛开时节,许多人家剪了木蓄花枝插瓶,供在圣柜上。木蓄花盛开期间,许多农村妇女剪下长约10厘米的一束带叶花蕾,插在发髻上。还有一些更讲究的,傍晚前剪下花束,放进门前菜田中甜菜棵子里,第二天早上取出插头,花蕾微开后,能散发出甜香味儿。

此地农家多在屋后种竹,媳妇生子,娘家要送一棵连根青竹,这根竹子栽在屋东北角,几年便可长成一片小竹林,称为竹园。此地竹子大多是本种小青竹,成竹长6~8米,竹竿粗2~3厘米,非常适合用来制作日常家用竹编用具,如淘箩、菜篮、簸箕、竹筛等,高手篾匠可将竹篾破得极细,编成花纹复杂的竹凉席,其越用越光滑,能用几十年。

海安西南及如皋西部高沙土地区,受泰兴等地影响,农家多栽种银杏树,俗称白果树,此地土质颇适合白果树生长,有许多树龄达数百年之久的白果树仍然枝繁叶茂,如皋境内有百年以上白果树,树龄最长,海安仁桥祖师庙有一棵古白果树高达数10米,树径2米以上。白果树所结果实,为著名中药材,也可作滋补食用,树叶还可提取药素制药,经济价值很高。20世纪90年代,此地不少农户靠种植白果树致富。

花朝节,除给果树挂红外,修剪枝条为主要任务。果树经去年挂果,消耗大量养分,为保证来年结果质量,必须修剪掉若干老枝条,以促使多萌发新枝新芽。同时还要修剪掉一些病枝、弱枝。此外,通过修剪,也可适当调整修正果树完美树型。

海陵东乡二月里树枝修剪任务最重的要数湖桑修剪。如海三地均为蚕桑养殖大县,桑园面积很大,所种植桑苗品种为湖桑,系20世纪60年代从江南湖州地区引种而来。湖

海安桑田

桑叶大而嫩,产叶量很高,同时因是灌木树型,又非常便于桑农采摘。因此,一经引进,便大受欢迎,迅速在江北地区植根。但湖桑修剪任务很重,每年春季桑条萌芽之前,均需将所有老桑枝全部剪去,只留根部约30厘米,施以饼肥,清明节后即可大量萌发新枝新芽,待5月春蚕养育时即可采摘桑叶。一般农家几亩桑田修剪劳作,总要持续相当时日。海安为中国茧丝绸之乡,以鑫源茧丝绸集团为龙头企业的海安蚕桑养殖业成为海安农业的金字招牌之一。

二月,本是农闲时节,却是如城周边乡镇农民全年中最为繁忙的一个月。因为此地农民大多从事苗木栽植及花木盆景养殖,二月正是苗木大量出田上市季节。苗农起早带晚,肩扛车拖,运送苗木,以供日增一日的大量植树需求。盆景养殖户则主要利用天气回暖,盆景树液开始流动、新芽萌发之前的这一最佳时期,进行盆景修剪绑扎造型工作。

中国盆景素有苏州、扬州、岭南、四川等诸多流派。扬州流派又分东、西两个支派,西派以扬州、泰州等地为主,东派则以如皋、南通等地为主。如皋盆景源于宋代,在扬派中独具特色。如城水绘园雨香庵前的一株"六朝柏",俗称

"六朝松",距今已有500余年。如城人民公园内3盆宋代桧尖柏,每盆均绽有"鹿角",距今已900余年。

如皋盆景常见树种为松、柏、榆、梅、朴、黄杨、鹊梅、罗汉松、六月雪等。造型手法除修剪外,主要以棕绳绑扎。绑扎手法相当细腻,主干扎成左弯右曲的"s"形,俗称"一弯半""两弯半",也有少数扎成"三弯半"的。树顶扎成半圆形、圆形或扇形,向前倾斜,称为"刘海式"或"如意式"。枝片长短参差适宜,错落有致,追求"疏可走马,密不容针"之境界。诸多造型中以"一弯半"最具如皋盆景艺术特色。"一弯半"在一弯和半弯的交界处还有一个怀弯,使主干形成后弓之势。第一弯,弓背向上一边的云片称为"阳片",呈逆风方向;反之,称为"阴片",呈顺风向。阴片长,象征人的手臂;阳片较短,为人的另一手臂。"两弯半"所表现的受风力比一弯半稍小,树桩重心偏下,树干倾斜度不大,其意境显得比一弯半庄重、华贵。

如皋盆景

如皋盆景造型技艺被概括为"云头、雨足、美人腰、刘海顶、鸡爪根",有"风、雨、雪、露"的意境。其主要艺术特点为左倚右倾,顶部端正,株干古雅,体形挺秀,多姿多彩,气魄雄伟。尤以鹊梅、罗汉松最美观,其叶色浓密,株型俊美,叶片雅丽,是庭院、厅堂陈设的艺术精品。

如皋盆景的另一特色是,盆景造型时已经注意到日后陈设时的独特意境。如皋盆景除两盆对置左右的"蹲狮式"造型之外,且有论"堂"陈设法,此为国内独此一家。所谓论"堂"陈设,按5、7、9不同奇数组合成为一"堂"。如5盆陈设,中间一盆为"文树",两边分别为两弯半或一弯半的"武树",互成对子。整"堂"景观趣味横生,"文树"显得孤高,"武树"则如群臣、侍卫。"文树"造型独特,除刘海顶外,主干前还有数个小顶,称为"带子上朝",层次清楚,意境清旷。两弯半或一弯半组成的两边"武树",则有"文站武飘"之说,根据其弓背、左右倾斜的角度及云片的长短不同,摆拟出多样的人物神韵。

如皋花木盆景现已发展成为新兴的特色农业产业,大量农民以此发家致富。每年一度的花木盆景艺术节成为如皋对外的一张美丽名片。

如派盆景艺术"云头雨足美人腰"

第四章 清明时节

挂 卜

　　清明不清,长江中下游地区清明时节多雨,故有"清明时节雨纷纷"诗句。因此,上坟扫墓可在清明节前后7天至8天内择日进行。俗话说,"前七后八,阴司放假",超过此日祭扫,亡人收不到钱。海陵东乡扫墓风俗与其他地区大致相同,唯一不同的在于不称扫墓或上坟,而是称为"挂卜"。所谓"挂卜",是为此地扫墓主要习俗之一,即在坟头上插5枝红"卜","卜"用红纸条剪成镂空钱纹燕尾图案,粘在长约17厘米的芦柴秆上,分插在坟头四周。"卜"也有称为"飘钱"或"飘笺"的,如皋东南地区则称为"上坟旗"。红"卜"插于坟头,在一片绿油油的麦田或金黄色菜花中随风飘扬,显得极醒目,很远就可看到,给春意盎然的田野平添一种让人心中暖暖的景致,也缓和了一些对逝去亲人忆念的伤悲之情。坟头被称为坟园帽子,每年扫墓时均要新换坟园帽子,由长男用大锹在田埂或沟坎上挖一块带巴地草的坚实土块,削成上大下小的帽状,放在坟顶上。坟园也要重新添上新土。也有"卜"不用芦柴秆,直接将红纸条压在坟园帽子底下的。新土添上后,即可焚烧纸钱,跪拜如仪。

87

与平常年节"挂卜"不同,新坟前三年不需上坟,三年后清明节首次上坟"挂卜",称为"满坟",过程仪式均较平常"挂卜"隆重复杂。是日全体亲属均要到场,各家准备丰盛祭品,用两只香盘装好挑来,设供桌于坟前。各家香盘内祭品有猪头、花鲢、整鸡及馒头、方糕等。每碗祭品上都要插上一支红绿纸花。坟顶上插一根整棵竹子,竹竿上部竹枝竹叶保留,在竹枝顶部悬挂一条长约1.3米的由红绿黄多种色纸叠接剪成镂空串联拉花的彩幡。致祭时,焚化纸钱金锞,燃放鞭炮,讲究的还要请一名和尚念经。长男向坟上抛撒小馒头、小方糕、糖块、硬币,此时围观乡邻儿童争相捡拾糕点、糖果、钱币,坟前一派热闹景象。亲属依辈分长幼顺序跪拜如仪,撤供,"满坟"结束。

也有人家将"满坟"与"脱孝"结合,请和尚念《金刚经》,撤去家中挽幛等祭祀物品并至坟前焚化,是谓"除灵脱孝",表示三年戴孝期结束。主家向参加"脱孝"亲属分发香皂毛巾。

在外生活,距祖坟较远的家庭,回故乡扫墓,故乡亲戚或本家叔伯接待。上坟当日中午或晚上,请"上坟酒"。"上坟酒"不必讲究,虽不是随茶便饭,但以家乡风味土菜为主,食材都是从田里、河沟里、鸡窝鸭棚里取出来的,如韭菜炒螺蛳、竹笋炒鸡蛋、炝扬花萝卜等。海安河北地区家常菜腌胡萝卜缨子烧河蚌,是里下河特色菜,被戏称为"下河一绝"。如东沿海地区清明时节最具影响力的时令菜肴是饸子炒韭菜芽。饸子是文蛤的一种,但肉质比文蛤细嫩许多,此时正是全年中最肥嫩的时候,有"菜花黄的饸子"之说。饸肉韭芽,雪白金黄,也是绝配。

对长期生活在城镇的人家,回故乡上坟,其实也是一次很好的郊游"踏青"活动。祭扫完毕,孩子们便在田头沟边岸坎上拔"茅针"。所谓"茅针",是一种生长在河边沟岸或

拔茅针

现在已经很少的成片荒草田里的茅草初春时刚从土里冒出来的草芽,长约10厘米,将草芽拔出后,剥去外面一层草壳苞衣,就露出一截绵长白嫩的草心肉,嚼之爽滑,柔然中略带甜津,草香中含着清洌。童谣:"茅针茅针两头尖,我吃茅针你吃烟。茅针茅针两头长,我吃茅针你吃糖。"在儿童心中,茅针要比香烟、糖果好吃多了。茅针实际还是一种草药,能凉血止血,清热解毒,可用于敷治水肿、热淋涩痛等症。故农民多认为,清明吃茅针可明目。

茅针季节性很强,清明节后几天时间内,即迅速变老,不能再食。谷雨前后,茅穗绽开,即蓬松如小白兔的尾毛,绒绒的白,迎风飞舞,给乡村增添了另一种野景。

杨柳摊饼

春雷声声,春雨绵绵,清明节到了,又可以品尝那清香可口,令人回味无穷的杨柳摊饼了。

如皋海安一带除清明节家家在门前插杨柳枝外,还有清明节早晨吃杨柳摊饼的习俗,柳木号称"鬼怖木",吃杨柳摊饼意在消灾远祸。杨柳摊饼的原料非常讲究,不能用柳叶,必须是刚爆出的柳叶嫩芽,洗净后和以小麦粉或荞麦粉调成糊状,配以鸡蛋、盐、味精等,用勺子舀上一勺儿面,倒

杨柳摊饼

在热好的锅内,将锅慢慢向四周倾斜,使得面在锅内形成一个大大的圆饼,再文火慢慢烘,将饼的一面摊成金黄色后再翻过来摊另外一面,这样摊饼既好看又好吃。刚摊好的杨柳摊饼黄中点翠,清香扑鼻,入口涩中带香,滋味独特,真可谓色、香、味俱佳。

旧时生活条件差,贫穷人家常为温饱发愁,是极难吃上烙饼的,所以,每逢清明节,一些穷人家孩子总是前一天下午就早早上树采好柳树芽,等着美餐一顿。那时柳树多,采柳芽很容易,约上一帮小伙伴,爬上河边的大柳树,坐在树杈上,采着柳芽,说笑戏闹,无比兴奋,因为那诱人的杨柳摊饼太解馋了。

清明节吃杨柳摊饼,有说是天神下界看到民间吃树叶会动恻隐之心,不再降灾。

杨柳摊饼,品出了人生的酸、甜、苦、辣;现代在外的东乡人,每逢清明时节,首先想起的怕就是家乡的杨柳摊饼。

海安西乡,清明节有吃冷饭、冷韭菜之俗,以祈长精神,不蛀夏。其实清明节吃冷饭,是沿袭保留了清明节前一天为寒食节,以不动炊火纪念介子推的古风。里下河地区清明

韭菜炒螺蛳

节则兴吃螺蛳肉和孩儿菊,以明目。清明节前的螺蛳肉很肥嫩,一过清明节,螺蛳肉就老了,远不及节前好吃了。俗称:"清明螺,赛只鹅。"螺蛳肉爆炒刚出土不久的头刀韭菜,极鲜美,也可称东乡农家菜一绝。螺蛳淘洗干净后,倒入锅中,加水煮熟,用针挑出螺肉,称为"挑青"。也有将螺蛳轧掉螺蛳壳尾端,用嘴吸食螺肉的,但要有一定技巧。有些人家吃完螺蛳后会将螺蛳壳抛撒在屋顶上,传说屋瓦上发出滚动的响声,可以吓跑室内的老鼠,有利于农家清明节之后平安地饲养桑蚕。

孩儿菊是一种生长在水边沟坎上的野菜,江南人叫作马兰头,是一种可与荠菜媲美的野菜,凉拌、油炒都可以。

清明节时,东乡儿童还有男戴杨柳、女插菜花的习俗,童谣"清明不戴杨柳,死后变条黄狗;清明不戴菜花,死后变只老鸦……"男孩戴杨柳,折下几条杨柳嫩枝,缠成一只柳圈,套在头上即可。女孩则采几朵金黄色的油菜花,插在发辫上。女孩也有戴杨柳的,只是与男孩戴法不同,她们一般折下一根刚爆芽的嫩枝,撕下一端柳皮,往枝梢一捋,将柳芽捋成一颗柳球,然后用发卡夹戴在耳边发际。

清明节插柳,也是旧时居住地较偏僻的农家必应之景。观世音菩萨手持柳枝蘸水普度众生,人们便认为柳条有驱

第四章 清明时节

91

清明戴柳

鬼辟邪的作用，把柳枝称为"鬼怖木"。而清明节与七月半、冬至节被称为三大鬼节，人们相信清明节此日正是百鬼频频出没，索讨多多的日子，须加驱避，故有插柳之俗。柳树生命力极强，柳枝插下很容易成活，没几年就可以长成大树。实际上，清明节插柳也是农家春日栽树绿化的一种方式。

清明节，与农事气象有关的农谚不少，如："清明种瓜，船装车拉；清明种菜，有吃有卖。"人们一般都在清明节后几天抓紧时间下瓜种、菜种。清明节当日的天气情况似乎直接预示着当年的收成，如"清明杨柳朝北拜，一年还了十年债"，风向若是南风的话，当是好年景。"雨打坟沿泥，三麦撑破皮"，意思是清明前下雨，麦粒饱满。"清明要明，谷雨要雨"，以清明节当天为晴日最好。

篙 子 会

海安西北南莫、墩头、沙岗、白甸、瓦甸等里下河地区，水网密布，旧时交通、运输、劳作、出行等均以木船为主要工具。故撑船竹篙家家户户人手一根，使篙撑船的技巧也成为几乎所有里下河农民必须娴熟掌握的劳作技艺之一。哪个竹篙出手快,哪家小船如箭梭,便成为村民心中公认的草根英雄。久而久之,里下河地区在清明节前后形成了一种风情独特的习俗:篙子会。关于篙子会的形成,有各种各样神奇的民间传说,民国年间的《港口竹枝词》这样记载:"清初,下河多海匪。各处组织民团,守望相助,均以快船报告匪警或剿匪之用。迨后匪踪消灭,而团体未散,即改为东岳会戏。"[1]

篙子会主要形式即为各村组织篙船集中至水面开阔的湖泊河荡,进行撑船比赛。比赛规则大致与其他地区"赛龙舟"相似,以最快到达终点线为胜。与"赛龙舟"主要不同处在于:一是会船为日常生产所用普通木船,即以竹篙撑行的篙船,不是专用龙舟赛船;二是行船工具为竹篙,不是木桨;三是行船方式为撑船,不是划船。

篙子会每条篙船上30人,人手一篙,竹篙长10米以上,篙头铁尖,篙尾扎上红布条。篙手一色青衣白裤,头扎白毛巾,腿缠青布绑腿,腰围红绸。也有少数村有穿黑背心的。篙船上插一面青龙旗或彩旗,旗上写村名,如是庙会则写"进香大吉"。站船头的称"头篙",负责指挥,另有一人任"扬锣",以锣声传达"头篙"号令。

民国初年,篙子会有较大改进,增设女子划船比赛。每船9名女子,人手一桨,桨柄扎红布条,中年妇女白衣蓝裤,头包粉红色毛巾,腰系红绸。姑娘则红衣蓝裤,戴红花,扎红腰带,打红绑腿,"扬锣"的披红披风。

据史料记载:民国二十九年(1940)起,附近溱潼镇一带篙子会又增设花船、供船等名目,此船不参加比赛,只是

---

[1] 李晏墅,郭宁生:《泰州文化》,南京:凤凰出版社,2014年,第336页。

篙子会

一种表演形式。多以两船相并，船上搭台，张灯结彩，悬挂横幅楹联，并以乐队演奏江南丝竹，或演唱扬州清曲乃至京腔淮调、板桥道情，此称花船。供船上则主要奉请僧道诵经拜忏，以供奉仙佛，祭祀亡人，祈求消灾降福。此外，还有一种"拐妇船"，由三只小片儿船组成，在参加篙子会的船队之间快速穿梭，扮演一对老夫妻追赶私奔的女儿，滑稽逗趣，有些类似草台戏里的丑角，插科打诨，借以调剂比赛之前的紧张气氛。海安白甸、瓦甸、南莫、沙岗一带篙船比赛高手，便联村撑船前往溱潼水荡参赛。

篙子会前10天要做选船、试水、铺船三项准备。一般选用既新又轻的木船，有些富裕人家还自愿买新船供选，以争荣耀，当然也是发愿心。撑船竹篙也是精选新置，试水时不合用，也可向竹行无偿调换。有准备篙子会的村子均要在村头树一根旗杆，杆顶插青苗或挂旗幡。试水，即为训练，篙子手一般总要挑18岁以上的青壮年，每天下午4时上船练习撑船动作，要求出篙快、准，一篙到底，提篙不带水，并且与其他篙手动作整齐划一。在训练期间，各家都要给篙子手加以鱼肉鸡蛋等营养菜肴，以保证篙子手有足够体力参赛。凡自愿报名经选中为篙子手者，一般须连续参加赛会3年，若中途畏苦退出，即视为不祥。临近清明时，即洗刷会船，在船上铺稻草、搁跳板，保证篙子手站立平稳。花船、供船也同时开始搭台、装扮及演唱排练。篙子会所有费用，全村各家自愿出资，多少不限，视各家财力及所发心愿。也有一些村庄篙子会费用在公有荒草田收益中支用。临篙子会前一天，家家裹粽子、蒸方糕，作为篙子手赛前用饭。

篙子会当日凌晨，燃香放炮，祭拜完毕，会船驶向水荡赛区。天刚放亮，人们便从四乡八镇向湖荡周边涌来，大河两岸一时人声鼎沸。锣鼓声、鞭炮声、叫卖声响成一片。湖荡水面上，各种花船、供船云集，彩旗飘飞，丝竹悠扬。水面赛道上，成百条会船分批次整齐排列，船上密密树立的竹篙如长矛列阵，正待出征。篙子会正式开始，总要到日上三竿的晌午时分。随着两声锣响，早已等得不耐烦的篙子手们齐声发喊："下！下！"无数竹篙如利剑般射入水中，瞬间又似蛟龙出水般齐齐跃起，会船便像快箭般从水面猛然腾起，向前疾射而去！民国诗人陈炳昌的《港口竹枝词》写道，"专练会船架竹篙，一声锣响滚银涛。各争胜负分前后，不亚金焦训水操"[①]，将篙子会比作抗金时韩世忠、梁红玉在镇江、金焦二山江面训练水军。赛事结束，各村会船篙子手们在湖荡边会餐，纵谈赛事趣闻。餐后，篙子手们还要带一碗饭回去让家人都吃上几口，以示吉祥如意。会船的头篙，则作为吉祥物，敲锣打鼓送给婚后未育的好友，祝愿其早生贵子。接受头篙人家则要鸣放鞭炮迎接，得子后不仅要宴请篙子手致谢，还要买篙还愿。

20世纪80年代起，海安河北地区接壤的泰县溱潼镇发展旅游事业，将历史上里下河地区每年清明节前后举行的篙子会整理编排，定名为"会船节"，成功打造成一张独具特色的旅游品牌。此后一年一度"会船节"，持续至今。但随着旅游项目的不断开发包装，"会船节"已经在很大程度上与民间原始的篙子会相去甚远，增添了太多花里胡哨的现代商业旅游色彩，与传统里下河水乡篙子会的淳朴风情大异其趣。

---

① 徐翟新：《历代文化名城名镇名村系列·溱潼镇》，南京：江苏人民出版社，2018年，第62页。

第五章　布谷声中

开秧门

谷雨前后，万物复苏。"布谷"声中，海陵东乡除如皋西部及海安西南高沙土地区外，均开始做"秧母田"。通常先挑选一块平整肥沃、靠近水源、管理方便的土地作为秧田，耕翻之后，下足底肥，稍干后耙平待用。同时选种，浸种。

第二天，稻种经水浸破嘴见芽，便可落谷。先将秧亩田放水，与土畈平齐，待水完全浸透土层后，用扬场木锹轻轻塌平土畈。落谷须由最有经验的老农进行。将水浸稻种用竹淘箩装满，扛在左臂，下到秧田之后，沿每条土畈边沿水沟行走，边走边用右手将稻种均匀撒落到秧亩田畈上。全部落谷之后，最后在田畈上再撒上一层已经和泥打碎过筛的农家灰肥。随后再次放水，淹没田畈即可。

旧时秧母田落谷之后，须留一把稻种，浸湿放在盘中，供在家中堂屋圣柜上神像前，上香祭拜。

小秧出苗后，要经常搁水晒秧，以促进小秧根系生长，并注意预防霜冻。因为小秧的早迟壮瘦直接关系水稻的栽插、生长和收成，农家认为是"性命交关"的大事，绝不容许出半点差错。

开秧门

经过一段时间生长，秧母田已经碧绿一片。临近栽秧时节，要起小秧时，海安里下河地区还有个"开秧门"的仪式要进行。先在秧母田附近放置木盘，内装米团、大葱、猪肉做祭品，焚香，燃放鞭炮，农家跪拜祀神。此俗称为"开秧门"。小秧全部出田，栽插完毕，谓之"关秧门"。

立 夏

　　农历四月初六前后为立夏节，立夏标志着夏天的开始，但它不是气象学上的夏天，真正的夏天在"夏至"前后。立夏此日,家家水煮鸡蛋。将煮熟的鸡蛋染红,用彩线结成的小网兜装着,挂在小孩子胸前。也有挂青壳鸭蛋或硕大鹅蛋的。中午全家吃韭菜炒蛋或油涨蛋。海安曲塘一带人家立夏不能睡午觉,以防疰夏。旧俗还要戒小孩坐或站立在门槛上,家长会提前告诫。疰夏是民间的说法,其症状为夏日眠食不服,腹胀厌食,乏力消瘦,尤以小儿为甚。吃鸡蛋也是防疰夏的意思。一些地区还有立夏吃甜菜防疰夏的。甜菜外形似大白菜,棵体较矮胖,叶质肥厚,颜色浅绿,食时略带甜味,故称甜菜,农家墙角地头随便长几棵,一般不当家常菜吃,多数作为猪草,因其生长快,剥了叶再长。

立夏另外一大习俗,是"称人",即称体重。主要是称小孩体重。以前没有磅秤,称重用木制杆秤,小孩坐在竹箩筐里,用挂在三角形木架上或高处木梁上的杆秤勾起称重。一些地区则男女老幼均要称重。"称人"时,忌讳秤砣绳前移,也忌讳"九"字,逢"九"则报整数,以图吉利。

称人

海安河北地区立夏节妇女头上要戴皂角树叶子或瞌睡草,说是可免夏季瞌睡。里下河地区农田种植以水稻为主,夏季是最忙的时候,日夜车水,不能老打瞌睡。

立夏还有一个钻麦田的习俗。小孩要躲到麦田里吃鸡蛋，这往往成为小孩此日最兴奋的游戏。邻近几家的小孩子脖上挂着鸡蛋络儿，猫着腰钻到已经扬穗的麦田里，各自找个不为人知的隐蔽地方躲起来吃鸡蛋，感觉上很刺激。吃完鸡蛋便是寻找小伙伴，钻麦田变为捉迷藏游戏，此地称为"躲猫寻（音'情'）"，一旦被找到抓住，则大呼小叫，此刻麦田里一阵热闹。大人听见打闹声，赶紧出来跑到田边大声呵斥："都出来！别把麦子踏了！"

一些地方也有成人钻麦田的习俗，人们在麦田里猫腰穿行往返，据说既可防麦秆倒伏，又可防腰腿疼痛。这也许有些道理，因为沿着麦垄往返行走，等于给麦根压了一次土，同时也锻炼了身体。或许立夏钻麦田的习俗就是从给麦子压土的农事劳动中沿袭而来的。

如东部分地区立夏吃糖烧饼，家家洗晒蚊帐，做好过夏准备。

如皋习俗里小孩子是要斗蛋的。早上起来家里大人会煮上鸡蛋鸭蛋，村里有养鹅的，还会在立夏那天送给每个孩子一个鹅蛋，让孩子们拿着它们去斗蛋。这天，孩子们的心思都在斗蛋上，往往早读课时就开始有人偷偷摸摸地在课桌下面比试了，而早读早操完了之后的课间，斗蛋的高潮就来了。一开始谁都不会拿出自己最有把握能赢的那枚蛋，大多是从鸡蛋开始，等着几个勇士先斗起来。有人败下阵来，

斗蛋

蛋络

不甘心地笑一笑，把蛋剥开吃了。也会有人昂起头来，继续接受其他人的挑战。慢慢地，教室里就演变成几处擂台赛，台下的人看着台上的人，心里是按捺不住地跃跃欲试，但又总是想保存实力再等等。最后的最后，大家都在老师的喝令之下坐下来，把撞碎的鸡蛋、鸭蛋、鹅蛋剥开吃掉，或是收起来。鸭蛋和鹅蛋都不如鸡蛋好吃，鸡蛋拌点醋很好入口，白水煮的鸭蛋、鹅蛋则淡而无味。

海安西北地区立夏风俗，娘家要给新出嫁的女儿送凉席、凉枕、扇子、夏布、草帽、澡桶，名为"送夏"。

天 水 茶

郑板桥曾在东台教馆书联：白菜青盐苋子饭，瓦壶天水菊花茶。立夏后三天，开始等天水以煮茶，如城、李堡、栟茶等城镇此风尤盛。等天水以城镇人家居多，因为旧时农村一般都是茅草房，屋顶茅草日晒雨淋，表层多朽烂，下的雨水中多杂质，不能饮用。城镇民居青砖小瓦，屋檐上都有滴水瓦当，俗称"猫儿头"，因瓦当下片滴水造型颇像猫头，故名。落雨天，雨水顺瓦沟流下，经猫儿头滴向地面，此时在屋檐下挂一"过漏"，就可接水。

东乡屋檐"猫儿头"也颇有特色，造型虽然一致，图案

天水缸

却是各具风采。有"福禄寿囍"等吉祥文字的,有虎头饕餮等瑞兽图形的,有梅兰竹菊等花卉折枝的,有方胜葫芦等仙佛八宝的,各家窑户都有自己独特的滴水图案模子,任客户挑选,然后加工烧制。甚至这些滴水"猫儿头"图案还能紧跟时代形势,如民国初年,不少滴水"猫儿头"上就时兴两面交叉的共和五色旗帜。海陵东乡一些保存较好的老街道,如栟茶等镇,至今还能看到这些具有丰富图案的老屋构件。

挂在屋檐滴水下的一长条接水"过漏",以前大多用粗毛竹一破两开,打掉竹节,即可等水,故称"竹漏"。"过漏"略带斜势,雨水从"过漏"一头流到安置在墙角一侧的水缸中。日晒夜露,竹漏容易开裂。后来"过漏"就逐渐转用白铁皮敲制了。现在凡有"过漏"人家所用,基本全是经久耐用的白铁皮所制了。

墙角放置的水缸,没有特别规定,但大多使用一种江南宜兴出产的深色釉陶坛,俗称"洋坛",有半人高,口部略内收。这种"洋坛"本是用来装米面或上等粮酒等较贵重物资的,故制作较精细,口部内收便于封坛。用来做天水缸的最大好处是,坛身较高,不至于水溅,坛口较小,可以加盖。许多人家特别定做了白铁皮的"洋坛"盖子盖上,保证天水不会被屋场灰尘污染。

天水缸一般总要并排放好几只,以便长期有天水好用。至少也要有两只天水缸配对,口边一只稍小些,大多是一只内壁绿釉,外壁黄釉堆塑龙形图案的圆形或六角形陶

过天水

缸，俗称"龙缸"。这只缸的作用是"过水"，即将前面"洋坛"里接的天落水，经沉淀后舀到龙缸里二次沉淀，有时还要加一点明矾，帮助沉淀。经过龙缸二次沉淀的天水就可以盛入水铫内烧茶了。

天落水总归要带下一些屋顶瓦面上的灰尘，过去特别讲究的人家干脆在天井中用竹竿绳索牵张起一块大幅白布等水，水从布幅一角流下，再经龙缸沉淀，基本就可免除灰尘之虞了。

每年立夏之后，各家开始接天水，从下雨时算起，最初三天的雨水是不能接的，要等雨水将屋瓦完全洗涮干净，才可以接用。此后每次下雨，也要等雨水下过一阵之后才将天水缸盖子打开等水。

烧水茶铫子由白铁皮敲制焊接做成，过去也有铜皮敲的。烧天水用的木炭很讲究，要没有异味。20世纪70年代后都用煤球炉子了。现在则是煤气灶，茶铫子也改用铝制或不锈钢水壶了。旧时冬日暖阳下，围炉煨水，是老年人一大乐趣。水开后，茶铫盖子噗噗作响，再烧煮一小会儿，就可以拎起茶铫子冲泡了。

喝天水茶所用茶具，一般不用盖碗或紫砂壶，一般人家多用带把带盖的立式青花白瓷茶杯。茶叶以绿茶为主，天水冲泡后，将茶杯盖子斜仄在杯口上，既保温又不使茶叶焖黄。如是早茶，则从邻近小店买回几只刚出炉的热烧饼。晚茶，则是几只"斜角"，实际是一种内陷简化了的烧饼，切成斜角菱形。刚出炉的烧饼或斜角与天水茶堪称绝配，一口酥香烧饼，一口清甜绿茶，实在是可口得很，也成为伴随如城、白蒲、海安、李堡、栟茶、掘港等古镇居民一辈子的最佳早点与晚茶。东乡人称午餐与晚餐之间的下午茶为"晚茶"。

"晚茶"斜角的吃法有些类似外来的"汉堡"，切几块卤味猪头肉，夹在剖开的斜角内，夹起来咬，既有斜角的脆香，又有卤肉的油肥,也是乡味一绝。

天水茶之所以为东乡人所喜爱,主要原因是此地近海,土壤及河水中含盐分较高,水质偏咸,地理所限,故从天落雨中寻求淡水,一般天水是在时梅天收集,梅雨季节,雨水多,水质好,厚重。21世纪以来,如皋、海安、如东三县启动长江引水工程,从长江所引自来水已经通达所有村镇,东乡人所渴望多年的饮水问题已经得到解决。再加上现代工业化程度较高,天落水中所含成分已有较大改变,人们已经不再经常饮用天落水了,但等天落水、喝天水茶的习俗在栟茶等一些古镇老年居民中至今仍保留。

海陵东乡人居家饮茶习惯历史悠久。如城、海安、掘港等镇旧时都有十余片茶叶店,多为徽州人所开。东乡人喜饮绿茶,以黄山毛峰、西湖龙井、碧螺春、珠兰等为主,但也不排斥茉莉花、代代花一类的花茶,普通人家日常泡茶则大多为一般炒青。很少有人饮普洱茶,也基本上不饮红茶、黑茶。消夏避暑,东乡人泡茶,习惯把芦芽簪儿(芦苇地下根茎,白色、清热败火)、荷叶、藿香、佩兰、薄荷、竹叶尖、杭白菊等放在一起冲泡,这种药茶,茶叶退到次要位置,并不要太好的茶叶,茶叶店里廉价处理的茶叶碎末最受欢迎。

旧时大户人家夏日会用紫铜茶铫稻草烧天水,再用大瓷茶壶泡茶,以供全家人一整天饮用。教馆的师塾先生,不管天气怎样炎热,都要用小火炉木炭火架上紫铜茶壶烧水喝,平民百姓也讲究烧水器皿,瓦壶、陶壶架上木柴火烧茶同样喝得很开心。为了舌尖上夏天的茶饮滋味,东乡人家都喜欢在院场中栽几株藿香、薄荷、佩兰,少数人家还会养一两缸荷花,为的是可随时采摘新鲜叶片泡茶。穷苦之家也自有穷人的办法,抓一把大麦放在锅里炕焦了,用"大麦乌儿"泡茶照样祛暑清火。

冷 蒸

　　四月天，三麦抽穗，蚕豆结荚，农家有"吃青"习俗。旧时四月是一年之中农家最难熬的日子，麦在田中，尚未发黄成熟。家中粮缸已经见底。此即穷人最怕的"青黄不接"时期。还好天气晴好，菜蔬茂盛，一般人家均以大量蔬菜掺入少量米面熬煮度日。"楝树开花，穷人说大话"，挨到四月底，可以"吃青"了，就不怕饿肚子了。先是嫩蚕豆角可以吃了，便到田边蚕豆棵中拣稍微老一些的豆荚摘下，称为"摸青"，剥出青绿如碧玉的蚕豆籽，和以切碎的腌咸菜炒熟，既可当菜，也可充饥。与此同时，豌豆角也可以吃了，豌豆角不用剥，放在饭锅上蒸熟，细盐略拌，连壳吃下，也是时令好菜。这些统称"吃青"。不过"吃青"最主要的是吃"冷蒸"。
　　"冷蒸"是根据发音拟写的两个字，到底怎么写没有个确定说法，也有写成"棱棱"的，似乎更接近实际发音，也与物体形状较像，但这样写的并不多。古汉语中有"冷饤"二字，不知是否即"冷蒸"。

摸　青

冷蒸

"冷蒸"的做法是，在三麦（大麦、小麦、元麦）田中选择已经灌浆饱满，但尚未发黄的元麦穗儿，用割韭菜的小镰刀齐头割下，积到一定数量，倒入竹簸箕中用双手使劲揉搓，脱去麦穗芒壳。之所以三麦中选择元麦，是因为大麦芒粗壳厚，难以脱除。而小麦属于细粮，人们舍不得吃青。元麦籽脱去芒壳后，过筛，然后倒进已加少量菜油烧热的大铁锅中翻炒，待麦子炒至半熟时抄出，随后上石磨磨制，立即便有一棱一棱的长约的青虫般"棱棱"从磨齿间依次轧出来。这里用"棱棱"恰到好处,非常形象。刚磨出来的"冷蒸"清香无比,人们总是迫不及待地从磨堂里抓上一大把,塞入口中,大快朵颐。

"冷蒸"磨好后,一般总要轻轻糅合成若干团,放置在细竹篮中,用一块洗净的湿毛巾盖住。"冷蒸"的吃法一般有两种,一为刚磨趁热吃,一为在铁锅里加油炒了吃。加油炒了吃,又称"涣冷蒸",也有用少量韭菜同炒的,口味又别具一格。小孩子的吃法与大人完全不同,都是加些红糖或白糖揉成小团子当点心吃。

也有邻近城镇农家,将"冷蒸"用竹篮扛着,到街上小巷内沿街叫卖的。这样,街上人也可以尝青了。

青 苗 会

夏至前后,小秧全苗,三麦灌浆,旧时农村常在此夏收夏种大忙来临之前的短暂农事空闲时期,请香火设坛做青苗会,拜土地神,主要目的一是怕旱涝,二是求丰收,禾苗苗壮,六畜兴旺。也有部分地区做青苗会是在五月麦子登场、黄秧落地之后农闲时期。青苗会也有称作香火会或棒棒会的。香火会好理解,棒棒会不知出处,仅在里下河地区有此说法。

青苗会一般以自然村为单位举办,由几个会手先行负责联系香火、搭台和筹集经费。会费由农户按照田亩分摊。会台是用毛竹、芦苇等搭成的两间敞棚,上有苫盖,旁有围栏,棚内正中供奉"福德正神",即土地老爷。台前竖起高秆,牵绳挂起刚扯下的青苗和六七米长的黄纸幡子。

青苗会分开坛和末坛两个阶段,通宵达旦,完成全部仪式,一般总要一天一夜至两天两夜,称一伏时或两伏时。

青苗会

做青苗会的香火,旧时均为职业神汉,通州一带称为僮子,海陵东乡均称作香火。

青苗会正式开始时,先是一通开坛锣鼓,香火唱请诸神下界,并去村头土地庙请土地神全家来会台就座,一路锣鼓喧天。全村人听到锣鼓声纷纷赶来看会。

土地神就位之后,本村会头敬香、磕头、放爆竹、上供。供品很讲究,一般总要有"六只眼",即猪头、雄鸡、鲤鱼。更有用整猪的。困难时期,再简单也要有肉、蛋、豆腐、米、酒等。

上供时,如有整猪,香火就要在供品前唱祝词,一名香火负责敲锣鼓,一名香火手挥"神刀"开唱,"一刀留下千年福,二刀带走万年灾",共68刀,从猪头数到猪尾,意思是供猪全身都是宝。这一仪式称为"交猪",也拉开了青苗会的序幕。

正式开坛时,主坛香火要穿上绣花"八福罗裙",上身红衣斜披,露出右臂,头戴黄元纸折成的神冠,手执神刀。神刀铁制,类似农家方头菜刀,但要长些。刀背上开孔,依次穿上7只铁环,摇动起来,铁环"哗哗"作响。另一名香火专司敲锣打鼓。锣为厚铜皮打制的"虎锣",不是铸铜的"京锣"。因而锣锤是一根木棍削成萝卜状,而不是专用布头锣锤。鼓则是一面小扁鼓。香火在坛台一边侧竖起一张高凳,小鼓搁在上端凳脚上,大锣也挂在一只凳脚上,香火左手敲鼓,右手敲锣,锣鼓点子繁而不乱,密切配合主坛香火演唱。

主坛香火演唱内容较多,大致为神仙显灵、驱邪消灾、人畜平安、五谷丰登之类祝词,如"小九九""数三十六行"等。其中以"数三十六行"最为热闹,从农业说到各行各业,"农是国之本,种田为上行",最为农民所爱听。唱"数三十六行"时,最多时听众可达千人。

祝词唱完后,开坛结束,招待香火吃夜酒。稍事休息后,再开坛,香火正式演唱大书"请巫宫""献大酒"。前者为民间流传神话故事,后者为《三国演义》故事,这两部书要一直演唱到天亮。这种大书对演唱者要求很高,既要有清楚的口词,又要有清亮的嗓音,还要有角色的表演,才能吸引观众一夜不眠听到天亮。旧时农村文化生活贫乏,农民偶尔有场书听,也是一大文化享受。唱词基本是七字段,每唱完四句,伴奏香火就要敲一阵锣鼓点子,有时还帮腔唱几声,颇有些类似川剧的演唱形式。

青苗会进行到第二天上午,香火依次例行各项祭祀仪式。午后,会程进入娱乐阶段,由会首点唱反映民间生活的小书,如《刘文龙求官》《张四姐》《李三娘推磨》《赵五娘蔡伯喈上京》《刘全进瓜》《朱买臣马前泼水》等。这些小书诙谐有趣,颇受农民欢迎。每逢演唱小书时间,会棚周围总是挤满了听众。香火演唱也很卖力,一村做会,几里外就能听到锣鼓声。

余下为末坛,主要内容是送神、祭祀庄稼及六畜。有"斫刀""迎门"等仪式程序,最后敲锣打鼓送土地菩萨上山(回庙)。至此,一伏时的青苗会就算结束。如果是两伏时会程，就在末坛前，白天加唱小书，晚上唱大书，第三天上午再唱小书。这一次所唱的大书与第一晚"献大酒"时所唱内容有所区别，多以民间流传故事为主，如《刘金定下南唐》《珍珠塔》《双花记》《瓦车篷》《乾隆下关东》等，更为农民听众所喜爱。

整个青苗会全部程序结束之前，香火在会首带领下，沿村挨户，用一把秃把扫帚沾上土红色灰浆，在各家大门两边墙上分别刷上"太平"二字，以保佑主家平安。此仪式称为"迎门"。

青苗会海陵东乡各地均有，做会形式大致相同，但一些地方也有少量独具当地特色的祭祀仪式。如海安西部地区的青苗会末坛夜里"斩五岳"，即扎一只纸船，上附五岳神，送至村外，由香火杀雄鸡以血涂船，以去恶气，而后把纸船化于三岔路口。还有一些青苗会在末坛时有"盖戳子"的习俗，即由香火在大人小孩背后盖上"神门法师"的戳子，可保平安。"抢黄元"，在会期结束，放倒会旗时，把旗杆顶上飘挂长幡的黄元纸抢来塞进小孩耳朵，耳不会聋。"牛过绳"，香火用石灰水画圆圈，把牛拉到圈里换上新绳，旧绳送到土地庙。"插小旗"，在香火"迎门"后，各家下田插三支三角小旗，代表稻穗、粟子、红高粱，预示五谷丰登。"贴大字"，香火给会手剪贴双喜、寿字、五福喜旗，以示吉祥。

做会香火虽为职业神汉，实为民间艺人，说唱书目及演唱水平直接关乎他的声誉及生意，许多传统书目即为这些艺人多少代人口口相传，得以保存至今，并被改编成常演不衰的戏曲剧目，如《珍珠塔》等。香火仅凭超人的记忆和口才，一锣一鼓，走乡串村，演唱农民喜闻乐见的唱本，报酬只是几升粮食的微薄收入。会期一过，仍以种田为生。有的香火为了与同行竞争，还有"剪、镞、画、吹、武、跌、打"等功夫，以吸引更多观众。各个香火都有各自演唱的范围，称

"方"。各方有方头，称"交手"，相当于现在的经纪人，什么时间去何处演唱，由交手统一安排，工钱也由交手分配。按各人演唱技术分一棒、二棒、三棒数等，或许"棒棒会"即由此而来。

民国三十五年（1946）夏，紫石县（今海安县）区县干部曾根据本县真人真事自编《翻身记》，揭露恶霸地主的剥削罪行，动员农民进行土地改革，让香火在青苗会上演唱，深受农民群众欢迎并迅速流传，有效配合了土改宣传工作。

第六章　五月端阳

端午节

农历五月初五为端午节，又称端阳节，各地端午节风俗大同小异。家家户户裹粽子，吃粽子。门前挂端午符，室内挂钟馗判官神像，圣柜上成对竖放两把鲜艾草、水菖蒲，燃盘香。门前所挂端午符，各地不尽相同，讲究的要请道士在黄纸上画符咒，故称端午符。一般人家就直接将刚从田埂沟坎上割下来的艾蒿子与水菖蒲扎成一小把，挂在门檐上。水菖

挂菖蒲

挂菖蒲艾草

蒲形似长剑,传说是钟馗斩鬼的宝剑。海安东部一些从启海地区迁移过来的村民,还会在艾草与菖蒲上再加上几只未成熟的小毛桃,毛桃带枝叶折下,与艾草菖蒲扎在一起。甚至少数人家还有加上大蒜头的。这些应该是从吴文化中带来的风俗遗迹。现在江南端午节,还有相当多人家保留这种习俗,街市上每逢端午节前,就有农人将这四样扎好,出售给城里人家,以应节景。

民间称五月为"恶月",也叫"毒月"。因此时气温迅速升高,天气暑热,病原微生物大量繁殖,毒瘴滋生,人最容易生病。故端午节所有习俗基本都是围绕预防及治疗各种病菌侵害形成。

妇女用彩色丝绒和绸缎,做成多种精致的香袋,佩戴在儿童身上。孩童着新衣,颈项上系"百索",脚穿"虎鞋"。中午闭门吃午餐,称为"赏午"。午餐菜肴需有"五红",即干咸菜红烧肉、红苋菜、红烧黄鱼、红萝卜、红炒虾等。也有一些地方菜式不尽相同,称为吃"五黄",即黄鳝、

挂香袋

挂百索

喝雄黄酒　　　　　　　点雄黄

黄鱼、咸蛋黄、黄瓜等。这一时节的黄鳝体形肥壮,肉质细嫩,正是食用佳季。黄鳝性味甘温,具有补虚损、除风湿、强筋骨的功效,特别适合体虚之人食用,用大蒜烧黄鳝,兼具解毒功效,故为"五黄"之首。"五黄"实际上已是一伏食疗药方。无论"五红"还是"五黄",都要饮雄黄酒。雄黄为一种内含砷的有毒中药,也可杀虫。饭后,用艾叶蘸雄黄酒遍洒屋内各处角落,或用艾叶、菖蒲烧火烟熏以驱杀害虫。在孩童额头上以雄黄书"王"字,以驱五毒。现在饮雄黄酒习俗,多被糯米所酿的黄酒所替代。五月梅雨季节,常饮黄酒,能温经活血,除湿通络。

　　如皋地区除吃"五红"外,还要吃"五绿",即在"五红"之外,加上药芹、芫荽、黄瓜、莴苣、韭菜,这五种蔬菜也均具有某种药效。

　　集镇浴室当天需准备大量艾叶、菖蒲,切碎放在池水里以供沐浴,俗称"百草汤",可预防害疮。如皋地区还有妇女头上插艾叶,将艾叶晒干垫床等习俗。其实不纯粹是习俗,艾草确有医疗效果的,因艾草中含有多种挥发油,具有芳香气味,可驱虫杀菌,对多种细菌及某些皮肤真菌有抑制作用。中国科学家从青蒿(艾草学名)中提取青蒿素,用于临床医疗,成功救治大批非洲肝炎病人,获得诺贝尔医学奖,可见艾草抑制细菌的医学功效,早在民间端午习俗中就被广泛应用。

毛脚女婿多于是日向女方家送粽子、鸭蛋、黄鱼、猪肉等节礼，如婚期已近的还须加送衣料。已结婚女子则于端午次日偕丈夫回娘家，称"吃馊粽子"。

认干亲的人家，干儿子干女儿须向干妈送粽子、红糖等端午礼。粽子一般要送四提，每五只粽子扎在一起为一提。红糖两包。干妈则早就给干儿子干女儿准备好了五彩丝线编织的"百索"。现在有些人家，所送"百索"已经演变成了玉坠儿乃至金锁片了。过去认干妈的主要目的，是求一个属相相配的长辈妇女，给新生儿"寄名"，以保佑孩童健康成长。"百索"就是将孩童捆收护卫的意思。古代百索以五色彩丝编成，叫长命缕。如皋百索是红色，上缝有天师符，扣有香袋。

战国时，诗人屈原在五月五日投汨罗江而死。为了纪念屈原，这一天人们吃粽子、划龙船，成为通行全国各地的风俗。如皋人也曾时兴划龙船，由于清朝中期在濠河内划龙船，居民拥挤，吊桥断坏，死伤多人，遭明令禁止。后演化为"踱午"。午饭之后，作坊停工，店铺停业，人们纷纷前往水绘园文昌阁、三台山、伏海寺等风景名胜处散步。

海安旧时有端午节登凤山习俗，也是"踱午"之一种。此日午后，位于海安城北的凤山上摩肩接踵，人流如潮。

多地此日还有演《白蛇传》戏曲和"跳判官"的风俗。

裹粽子

裹粽子，是端午节各家妇女们大展身手的好机会。海安里下河地区妇女尤其擅长裹各种造型的粽子。本地裹粽子与江南最大的不同在于所用箬叶不同。江南地区裹粽子所用箬叶，是一种竹类植物，俗称箬竹，箬竹的叶子阔而长，除用之裹粽子外，干箬叶还可用来编制竹笠。江北包粽子所用箬叶，虽也称箬叶，却是一种生长在河边沟坎的芦苇，本地

裹粽子

人称之为河柴,以与另一种主干高大的专用于编织农用畚箕的江柴相区别。清明节前,河沟边河柴开始出箭,有些像竹笋,农历五月初已长到一人多高,为采叶最佳时期,农妇腰束下摆两角结成兜的围裙,用一根顶端扎了一只倒钩形枝丫的竹竿,将水边芦苇勾过来,摘取上部三四片嫩叶,塞进围兜内。东乡人习称这种河柴嫩叶为柴箬子。也有人专门采这种柴箬子用稻草扎成一把一把地到街上去卖,供城里人裹粽子用。柴箬子采多了用不完也无妨,挂在屋檐下晾干,留待没有柴箬子可采的时候用,开水煮烫一下就可以了。

　　箬叶采回洗净后,放入锅内稍煮,捞出沥干,剪去叶梗叠齐备用。糯米浸水一夜,沥干待用。粽子包心一般分两种,即不加其他的纯糯米粽子,被称为白粽子;一种则以糯米为主,加入蚕豆瓣、赤豆、花生米、红枣、火腿丁等。

　　裹粽子一般有两种手法,因其快捷便利而常用者为一把头整包,即将3张箬叶依次叠排,形成整张一把,下端圈折成圆锥体,用一只青瓷酒盅,舀一盅已经拌合好其他馅料的糯米倒进圆锥体内,将箬叶上端折下压住,顺势包裹住,迅速抽取一根泡软的芋草将粽子斜角扎好,一只粽子就裹好了。不过现在芋草不多见了,也有用稻草代替的,粽子煮熟了,还有一点稻草的清香味。用棉绳等捆扎就等而下之了。一把头整包粽子虽然包扎便利,但形状较笨拙。

另一种裹粽子手法就有些复杂了,一般人不会,多为一些农村老年妇女所用,多少有些炫技的意思。此法称为贴箬粽子,即一张一张箬叶依次贴插上去,分若干次贴箬、加米,最终包裹成一只尖锥形修长的粽子。这种贴箬粽子,不光是形状漂亮好看,更重要的是因其体型修长,所以蒸煮充分,里面糯米充分吸收到箬叶的清香,因而口感较之一把包粽子要好很多。过去农村人家送端午礼,一般都要讲究包贴箬粽子。

里下河农村妇女多为裹粽子的好手,除贴箬粽子不在话下外,还能包出多种形状的粽子来,如寓意"代代富"的斧头形粽子,寓意"得胜如意"的方胜形粽子,寓意"财源滚滚"的元宝形粽子及羊角形、菱米形等。

海陵东乡裹粽子一般不加或很少加蹄髈等肉类,此与多以重肥重油为包心的江南粽子有很大差别。

香 袋

香袋,又称香包、香囊,端午节佩戴或悬挂香袋,各地均有此习俗,海陵东乡以如皋香袋远近闻名。"一闻到这个香,端午节就到了!"如皋城里人都这么说。

如皋香袋之所以出名,是因为它具有诸多特色。特色之一是造型俏:譬如一双蝴蝶,一枚折扇,一枝梅花,一只金蟾，一块元宝，一颗红枣，一条鲤鱼，一朵莲花，一段藕节等，大凡寓意吉祥的动植物及各种物件，均可用于香袋造型。香袋制作者多为心灵手巧的妇女，将各种颜色、花纹的丝绸边角料随意剪成各式造型，丝线缝成香袋。特色之二是香味雅：如皋香袋之所以"香"，是因其袋内所装非一般香料，而是精心配制的名贵中药材，如檀香、冰片、山柰、白芷、苍术、羌活、甘松等10多种，香味馥郁清雅，沁人心脾，既醒脑开窍，又祛邪解毒，闻一闻，只觉得通体舒泰，心情愉悦。特色之三是立意美：香袋造型所表达的主题均为传承与弘扬中华民族优秀文化与传统美德，寄托人民大众世代相传的美好愿望，如"四季平安""花好月圆""年年有余""善心得福""和和美美""心心相印""福寿双全"等。

如皋香袋又以"芮氏香袋"最为闻名。芮家原籍金陵，祖上为避战乱，落脚于如皋北门，开爿小药店维持生计。每年端午前一位叫文元的裁缝师傅都来芮家做新衣，留下的边角料他剪裁做成各种造型的香袋送给孩子们玩。芮家的女眷就跟着文元师傅学做香袋，许多年之后，端午做香袋便成了芮家小药铺的一景。芮家香袋结合了裁缝师傅的剪裁缝制手艺与芮家药铺的香料配方，逐渐形成了芮家香袋的特

香袋

色,终于成就了"芮氏香袋"的品牌。如今,"芮氏香袋"已经成为南通市非物质文化遗产,其传承人芮兰芳便是芮家后人。20世纪90年代,香港回归祖国,芮兰芳老人曾制作香袋赠送给香港的小朋友,以作纪念。2016年端午节前夕,中央电视台到芮家老宅"邻绘庐"专访过芮兰芳老人。

如皋香袋经过不断地创新、改造,已经跟现代时尚生活紧密结合,这些散发着清雅香味的香袋,除端午节应景外,还走进了人们的日常生活,成了现代家居中的装饰品及一些年轻女性爱车中、包包上,甚至手机上的挂饰品。

跳判官

端午节,旧时如皋东部地区有"跳判官"的习俗。判官即钟馗,唐代进士,才华出众但相貌奇丑,皇上恶其貌而不用。钟馗一怒之下触阶身亡,怒气直冲斗牛。玉皇大帝念其面丑心善、刚正不阿,封其为阴曹主簿,乃称"判官"。钟馗成神后匡正祛邪,斩恶除秽,凡见鬼怪作祟,他便捉来吃掉,是为"鬼王"。在人民心中,钟馗是正义的化身,是百姓的保护神,故端午节期间,民间有悬挂钟馗画像、"跳判官"的习俗。

如东岔河一带,"跳判官"为方姓族人的传统节目。此地有俗语:"方家的判官郑家的像,曹家的彩牌不同样。"所谓"方家判官"就

挂钟馗像

是集灯彩、木偶、舞蹈、杂技为一体的"跳判官"。

"跳判官"表演时，由一人右手高举手脚头身均可活动的钟馗木像，左手操纵，使木像灵活动作。另有两人手执蝙蝠灯，围绕钟馗，与其扑打嬉戏，妙趣横生，深受群众喜爱。

如东文化部门于20世纪80年代，将"跳判官"整理改编成民间舞蹈《钟馗嬉蝠》，放大了钟馗木偶神像，高近两米，神像绘制上突出了钟馗面黑似漆、双目如炬，虬髯怒张、威武狰狞，以表现其身材魁梧、气度威严、公正严明、执法无私的"正神"形象。蝙蝠则改为5名女演员扮演。演员操纵木偶表演的钟馗追逐扑打蝙蝠的种种动作，憨态可掬，拙中见奇，栩栩如生，令人叫绝！舞台上"庞然大物"般的钟馗与灵活矫健的蝙蝠形成鲜明对比，造成强烈的艺术效果。表演在"嬉"字上下足了功夫，整个演出充满了愉悦、热烈、欢快、融合的气氛。

"跳判官"还有另外一种形式，称为"抬判"，流行于如东南部地区及通州一带。

传说，当年钟馗赴京赶考，夜宿古庙，蝶妖化成美女前来挑逗。钟馗不为女色所动。蝶妖恼羞成怒，将翅上黑粉洒在钟馗脸上，从此白面书生成了黑脸丑汉。只因这张黑脸，断送了他一生锦绣前程。钟馗成镇鬼之神后，对蝶妖耿耿于怀，只要见到蝴蝶，便会怒而追逐，奋力扑打，以解心头之恨。"抬判"便是根据这一传说编演。

"抬判"，顾名思义，主要在"抬"上做文章，表演时，两名"轿夫"抬着两根象征官轿的竹杠，钟馗扮演者就在这离地不足两米的竹杠上表演，动作惊险奇难，扣人心弦，属于民间舞蹈与杂技的融合，表演者一般都是民间香会中的武僮子，本地称为香伙。

扮演钟馗的香伙头戴乌纱帽，身穿大红袍，黑面如锅

抬判

底,暴眼似铜铃,在"蝴蝶"扮演者的引逗下,于竹杠之上或坐或站,或扑或翻,时前时后,忽上忽下,滚跃倒立,腾空反钩,险象环生,令观众屏息凝神,眼花缭乱。

20世纪80年代,通州市文化工作者在对"抬判"进行整理改编成民间舞蹈时,对故事中人物关系做了重大改造,把钟馗与蝴蝶由传说中的敌对、仇视,改变为友好、亲和,突

如东民间舞蹈《钟馗戏蝠》

出表现了钟馗性格中的人情味与童心稚气。轿夫人数也增加到4人，舞蹈动作中增加了男女演员同时在竹杠上表演，绝招迭出，其表演技巧的惊险性、观赏性、艺术性均得到很大提高，成为江海平原民间舞蹈艺术中的一朵奇葩。

烧马佚香

五月十八为都天菩萨生日，海陵东乡普遍有"都天王爷出辕"活动，其中尤以如东潮桥一带为甚。这种迎神赛会活动中，又以"烧马佚香"独具特色，声名远播。

相传都天王爷姓张名巡，唐肃宗时，为拒安禄山、史思明叛军，坚守河南睢阳城三年之久。在粮尽援绝的情况下，张巡号令军民罗雀掘鼠充饥。鼠雀吃尽，他竟杀自己的爱妾，烹之以饷军士。众将士非常感动，纷纷表示要坚守城池，为国尽忠。当时兵力所剩无几，马也吃光，大家想办法，把马铃系在身上，跳起来叮当作响，他们在阵地上跑来跑去，几千米外都能听见，就像有千军万马在行动。敌军以为对方援军到了，几次被吓退。后来，终因寡不敌众，张巡以身殉国，唐肃宗封其为"都天王爷"，令天下立庙祭祀。至清代乾隆年间又追谥为"五福都天金容大帝"。人们把"都天王爷"看作英勇不屈的英雄，护佑民众的尊神。但如东等地尚有另一传说，这里敬奉的"都天王爷"只是借口，实际是纪念盐民起义领袖张士诚。掘港、丰利自宋以来就是著名的淮南盐场之一，张士诚多次来此贩过私盐，并且曾在掘港附近的杨家畈一带率领盐民反抗官兵，传说曾用鲫鱼当大刀吓退过官兵。如东流传一首民歌："杨家畈，烧盐的好大胆，官兵来捕杀，盐民就造反，没有刀和枪，拿起鲫鱼绑扁担，把个官兵就打散。"后来，张士诚率领盐民起义军，一路打到江南，在苏州做了吴王。如东沿海一带都是吴王属地，因其出身盐民，故对此地老百姓很好，人民都很拥戴他。明初，张士诚兵败后，朱元璋恨其原吴王属地民众支持张士诚，便将江南原住民驱赶迁徙到江北沿海一带，史称"洪武赶散"。沿海一带人民思念张士诚，但又不敢公开纪念，只好以祭祀"都天王爷"为名，暗中祭祀张士诚。据清乾隆《如皋县志》记载，如皋（旧时如东属如皋）都天庙建于明代，丰利等地都天庙建筑风格也似明代，应与纪念张士诚相关。

祭祀"都天王爷"，无论是为了纪念张巡，还是纪念张士诚，都寄托了人民群众对为国为民的英烈的追念，对不屈斗争精神的崇敬及对祈求神明消灾降福的期望。

如东境内曾有十几座都天庙，"都天王爷"出巡时间大多定为五月十八，少数定为三月十五或三月十六。据《潮桥志》记载：每年春末夏初，都天王爷都要出坛，俗称"行会"。潮桥的都天行会盛况空前，神轿前有"龙灯""荡湖船""站肩""高跷""杂耍"等歌舞灯彩；有"烧马伕香"和烧香还愿的善男信女、僧道尼姑等，还有执旗、双棒锣及手捧金瓜、斧、刀、枪、剑、戟的仪仗队，前后绵延1500米有余。

《潮桥志》中特别对"行会"中"烧马伕香"做了详细介绍：整个队伍以"烧马伕香"为前导，多至三五百人。他们头扎彩色布巾，两鬓插以黄元纸折成的"百页篷"，额前戴着一块小圆镜，赤膊上身，脚蹬草鞋，腰围一圈铜铃，手执铁钎，银针封嘴，跳跃着前进，铃声叮当，响及千米许。根据这些记载，其"烧马伕香"之盛况可见一斑。另据如东县丰利镇王昌文老人所述，丰利镇"都天王爷"出坛规模最大，仅"烧马伕香"最多时竟达3600人，可以想见，数千壮汉齐跳马伕时场面何等震撼！

"烧马伕香"又称"跳马伕"，或称"马叉鬼"，表演者多为平时家中有人患病遭难而在神前（如都天王爷）许愿的普通乡民。为了偿还愿心，他们自愿在神灵"出巡"时充当马

第六章 五月端阳

如东跳马伕

伕、走卒，故称"烧马伕香"，也有称为"烧马步香"的，因其跳跃式行走模仿马步，表示愿为神灵结草衔环，执辔挽缰，马前鞍后，效忠尽力。

"跳马伕"的原始动作较简单，马步叉腿，但行走步伐敦实刚劲，一步一蹬，动作整齐划一，节奏异常鲜明，系于臂上的铜铃发出清脆洪亮的响声，加之深沉有力的"嗨嗨"呐喊，整个马伕队伍，气势磅礴，锐不可当！

另外，东乡各地城隍巡城仪式，土地爷陪同，少不了"肃静""回避"插牌与"金瓜""月斧"仪仗，彩旗、锣鼓自不必说，最引人注目的是"马弁吆道"。马弁一般安排在仪仗过后，为城隍巡城吆道排除人为障碍。马弁扮演者出发前是要精心打扮的：头上用红布带且在面额上扎上黄元（一种印有花纹的黄色裱心纸，祭祀神灵用品），上身打赤膊，腰间仍束宽红布带，脚蹬软底布靴，一根带尖细铁棒横穿面颊两旁（据说是将铁棒烧红了穿过去），手执一根1.5米长的铁棒在巡城旗帜仪仗前面吆道，所到之处，肃静、回避，大小人等个个都让得远远的。据老人们讲，马弁不仅仅起吆道的作用，而且铁棒挥舞之处，污秽无藏身之地。行动之前，马弁口服烧酒、朱砂，声称神灵已经附身。这种形式与"烧马伕香"大同小异。

旧时"烧马伕香"者，为显示自己对神灵的虔诚，银针封嘴，均为真正以钢针刺破脸颊，穿腮而过，这需要相当大的勇气与决心。据旧《栟茶镇志》记载，民国时期，有关方面曾明令禁止本地庙会中这一自残举动。中华人民共和国成立后，如东县文化部门将"烧马伕香"整理改编为民间舞蹈《跳马伕》时，银针封嘴被改为象征性地口衔竹签红球，将黄元纸"百页篷"改成更为艺术化的头饰。配上悠长深沉的召军号角与庄严悠扬的大锣锤击，更加突出了质朴、刚健、剽悍和粗犷的风格特点，极具悲壮慷慨之气，成为特色鲜明的优秀民间舞蹈。如东"跳马伕"现已被收入国家级非物质文化遗产名录。

捉黄鳝

黄鳝,又叫长鱼,营养丰富,含高蛋白,俗语"六月的黄鳝胜人参"。不过现在市场上出售的黄鳝大多是养殖的。30年前的野生黄鳝用五花肉红烧,味道极鲜美。那时入夏后小河边、灌溉渠里、秧苗田边晚间随处可见黄鳝出没。里下河水乡每到这个季节,晚上成群结队的捉长鱼人提着马灯(一种燃烧煤油的桅杆灯),有条件的用手电筒,身背鱼篓子(存放黄鳝的扁竹篓)开始了他们晚上的捕捉收获。

一些10来岁的小男孩,放学回来先不做作业,吃完晚饭跟在邻居大哥们后面看他们捉长鱼,望热潮。看了几个晚上觉得捉长鱼这个活儿没有多少奥妙和难度,于是孩子们就向大人要钱买了手电筒和鱼篓子,找来三根毛竹片自己学做了一副长鱼夹子。晚上天一黑,小孩子们也开始下田捉长鱼。先从家附近秧苗田边开始捉,因为大人们不准上远处去,特别是乱坟岗和远处的荒田不能去。当然,一定要听大人的话,10点前要回来休息,不能影响第二天上学。

通过几个晚上的实践,孩子们从中找到了一些规律,一是靠近住宅区的地方捉长鱼的人多,长鱼越捉越少;二是坟场周围一般人不敢去,有得捉;三是下雨之前气压低,长鱼从洞中出来吸氧,要找准时间捉。孩子们有了这些经验后就与邻居同学商量合伙出去捉,一来有人做伴不孤单,到了远处的坟场胆子也大些;二来遇到大的长鱼(称为"河呆子")有办法弄上来。这一招真灵,收获大增,一个晚上能捉到好几斤,回家后一人分一半。

一个夏季一个学生捉的长鱼能有几十斤,20世纪70年代农家经济条件都比较困难,孩子捉的长鱼都舍不得吃,只有在来了亲戚、过生日和端午节时才吃两三次,捉的长鱼大多卖给跑上海的贩子,一角五分钱一斤,卖的钱交了全年的学费后还有结余。

第七章 水乡芒种

车 水

五月麦黄，小秧出齐，海陵东乡进入夏收大忙季节。海安里下河地区、通榆河以东地区至如东全境及如皋东南部地区，为传统水稻栽种地域。海安青墩新石器时期文化遗址出土的碳化稻，将江海平原稻作文化历史提早到5000年之前。

三麦收割上场后，人们便忙着耕翻土地、施肥上水、平墒耙田，做好栽秧前各种准备。旧时栽秧前后最耗时费力的是车水。其实车水劳作贯穿从水稻下秧到栽插发棵直至抽穗成熟的生长全过程，俗话说，"一粒米七斤四两水"，此说虽是农民的形象化口语，却说明水稻生长对水的依赖程度。

海陵东乡旧时车水方式与其他地区大致相同，主要为人力踏水、畜力推水、风车引水等数种，其中海安里下河地区的风车引水尤具特色。

人力踏水，采用脚踏水车引河水入秧田。水车主要部件大轴一般用材质较坚实的粗硕木材制成，中间稍粗、两头稍小，上面装有榔头（踏脚），每位装四只，一般有双人位、四人位、六人位等，六人位以上的为大型水车，称为"六人

车水

水车构件

轴"。车轴两侧竖有立柱,中横车杠,以供人们踏水时扶伏。车轴中间部位装有木齿轮,轮上挂着长条形的戽水车斗。车斗主要构件为水槽,水槽内装置斗拐,斗拐因节节相连,形似虾身,故也称木虾。斗拐上装戽板、划儿,下有水拨,上有旱拨。水拨指车斗下端没于水中的小轴齿轮,旱拨指岸上车轴中间的木齿轮。车斗斜安于河坡上,一头与车轴相连,一头伸到河水中,斜度可以根据河水水位调整。当人们用力踏下踏步椰头,车轴转动时,在齿轮的带动下,车斗中一根一根以木销相连如同一根粗长链条的斗拐上的戽板、划儿便依次从水拨处将河水戽上来,顺着水槽,流向秧田水口,踏步越快,上水越多。

旧时,人们在踏水时,一般都要在车杠一头挂上一串铜钱,共100枚。在某一个斗拐划儿上系上一把水草以作记号,当这块划儿转到一个来回时,便拨下一枚铜钱。一串铜钱全部拨完,踏水的人便下车抽烟喝茶,休息片刻,俗称"一筹水"。

踏水因消耗体力较多,故多为男性。也有女性车水的,但一般男女不同车。原因有二:其一,男女体力有别,步伐快慢不等,当水车飞转时,踏车脚步跟不上容易被急速转动的椰头打痛脚面,或者"吊田鸡",即悬在车杠上不上不下;其二,旧时车水男人一般不穿短裤,只在腰间扎块蓝布,因上车不久,就会大汗淋漓,裤子湿透裹在身上,容易磨破大腿皮肉,俗称"搅裆",故男女同车不方便。当然,一些人家劳力缺乏,夫妻同车也是有的。

车水耗时耗力,又常在深夜进行,既繁重又枯燥,为了协调踏步动作、调动劳动情绪,或为打发时间,转移注意力,以减少疲劳感,便要打车水号子。这些车水号子内容丰富,有诉说劳动之艰苦、生活之艰辛、世道之艰难的,有歌咏男女之间思恋之情的,不乏民间文艺价值。当然,也是精华糟粕并存,其中亦有许多粗言秽语,以相互打趣调笑的。

海安里下河车水号子音韵悠长、唱词生动，尤有特色。

车水号子有明显的段落结构，称为"五声三号"，一般分为"号头""起车号子""收车号子"，中间可随意插入"浪翻号子""老牛号子"等"踏水号子"。

"号头"如乐曲前奏，起引领作用，一般由领号者先开声，曲调自由、散漫，声音由低渐高，以声腔悠长的"哎嗨""奥嗬"等虚字衬词为主，少许唱词，如"日出东方一点红，我来上车踏水如蛟龙""脚踏盘龙我开了声，我来车前看望众先生。太阳平南日正长，荷花出水满池塘""南风没有北风凉，荷花哪有桂花香""先生不来我就来，不把个号子冷了台"等。

"起车号子"为正式进入车水时段，曲调较之"号头"节拍加快，号子中唱词如"我来每日踏水第一家，我来每日踏水要起车"。

车杠上筹钱已经过去大半，踏水进入第一次高潮，此时车水号子中就会加入领号人的大声呼喊，众人边使劲踏车边高声应和。

领号人："筹钱到顶啊将军！脚下踩稳啊伙家！筹钱落嘎一二三伙家！两个梭番两个单栓伙家！要的好车伙家，脚头儿朝下，不准冒上冒下，我来要车就车！"喊完接唱号子尾句："嗬嗬的升啊依哎嗨的啊！"

领号人："筹码到顶啊伙家！脚下踩稳，我来一浪逐一浪，浪浪盖三庄！庄前有层田，各位师傅带上我。庄前有棵菜，风吹两边剀，朝前剀朝后剀伙家，（众人应答）朝后剀！东门城楼有根草，风吹两边倒，朝前倒，朝后倒，朝后倒啊伙家！"接唱号子尾句同上。

众人使劲踏水，车水进入高潮时，有"浪翻号子"，形容水如浪翻。此号子均为虚词，完全为脚下加劲服务。如皋等地也有称此段高潮时加油号子为"抽号子"或"老牛号子"

的,多伴以踏车众人的应和吼声,如领号人喊:"下三步啊,先生!"众人和:"哦!"领号人喊:"喔着,下腰!"众人和:"喔着,下腰!喔着,下腰!"越喊越快,脚下也越踏越快,此时车轴飞转,槽口白浪滚滚,直至80转车完歇车。

最后有"收车号子",曲调舒缓放松。号子唱词:"日落西山渐渐夜,我来每日踏水我主家。我一求主家取暖酒,我二求主家两铫茶。"

如东南凌也有打"回水号子"的,唱词:"日落西山黄又黄,面糊鲫鱼黄脊梁。鲫鱼翻身碍动草,姐儿翻身碍动郎。""日落西山黄又黄,说个号子就收场。主家嫌我歇工早,你扛木头撑太阳!"

海安里下河水乡车水风俗别具特色。里下河地区以水稻种植为主,故车水为农家最重要的农活,一般人家均要雇请邻近村民帮工或换工车水,主家必以美食饱餐招待,所谓"要看脚上,先看桌上"。除一日三餐外,还要有一提椋(小木桶)粽子挂在车杠上,供踏车帮工随时食用。一般帮工要请9人,每车6人上车,另有3人轮换。9人分成"水门""车口""盘线"三班。车水时分成三段:清晨时上车称"开车口"。踏一阵之后,站这边水门的先开声打号子:

上得龙车我开声,
多多拜托老先生。
一来拜托年纪小,
二来拜托骨头嫩。
年纪小来骨头硬,
不能奉陪老先生。

那边"水门"答腔:

我说小号刹不住身,
下面转请老先生。
请人不请别一个,

要请隔壁水门老先生。

日上一竿"开箱"：踏车人一律扎上绑腿，穿上水板（木屐），一盘线（一串铜钱）车踏下来，另外3人上车换班，开唱：

先生下去我上来，
接住先生好文才。
先生说的书文美，
休怪学生口头呆，
还请隔壁水门先生多捧台。

换班车手开始使劲，不多会儿又一线车踏完，第三班上车再唱：

一上龙车我开声，
多多拜托老先生。
一来拜托合班好，
二来拜托送番恩。
合班好来送番恩，
不能奉陪老将军。

另一边跟着和：

麻布揩脸初相会，
烧饼吊炉面面生。
先生好比园中菜，
头刀割去二刀来。
学生好比园中葱，
外面好看腹中空。

下午三四点钟光景，车手体力大减，号子变得婉转低沉：

号子好打口难开，
米饭好吃搞难挨。
粑粑好吃磨难推，
仙桃好吃树难栽。

此时，主家即上车帮腔鼓劲：

> 上得龙车我开声,
> 多多拜托老先生。
> 一来拜托龙车坏,
> 二来拜托主家坏,
> 龙车坏来主家坏,
> 还请诸位带到家。

傍晚,田里水满,即"关车口"。此时,车手们则轻松愉快地唱起:

> 车口坝得节节高,
> 恭喜府上打盛稻。
> 家里褶子集不下,
> 外面又集13层高。
> 细癞小上去瞟一瞟,
> 瞟见海安奔如皋。

晚餐,主家必以丰盛酒肴款待车手。

车水另一方式是车篷打水。车篷建于河边,田多的人家单户独建,田少者几家合建。车篷以木料构架,麦秸盖顶,四面敞开,状似草亭。车篷中主要部件是一只直径约4米的平放的硕大有齿木轮,中心为竖轴,轴轮间以"撑"连接,类似车轮辐条。打水时利用畜力,一般是水牛,转圈牵拉木轮,利用简单的齿轮传动原理,平放的大齿轮转动下部水车上竖立的小齿轮,使车轴转动,牵引水斗戽板划水上岸入田。也有用黄牛牵拉的,但黄牛体力明显不如水牛,一般拉120圈就要放牛歇息、喂牛吃草。水牛则至少要转160圈才暂停。

旧时一些农家较穷,自家没有水车,又养不起或租不起水牛,便向富家租用车篷,以人力替代耕牛,用扁担、木棍绑缚在车篷棱子上推水。推水一般需用8个人,其辛劳程度可想而知。车篷一般白天出租,晚上主家自用,这是租车推水的规矩。但租车推水有很大的局限性,即水田必须距主家车篷不远。

推水极其劳累，围着车篷转圈，也非常枯燥，极易疲惫，因此，推水号子应运而生。与车水号子不同，推水号子速度较慢，唱词也较多，一人唱众人和，与推水步伐相应。海安东部及如东西部推水号子"一夜铜锣响到明"颇具代表性：

日落西山哎人上阵，
十六个条汉子两班分，
人想停哎车不能停。
月上树梢哎满天星，
三十二只膀子推起了劲，
秧要水哎人也要命。
东家的扇子摇断了柄，
长工的腿子跑断了筋，
轰隆隆雷声大雨点子轻。
亮月子弯弯到中庭，
上下个一半差哎把劲，
哐当当一夜铜锣响到明。
亮月子偏西人松劲，
饿得个前心靠哎后心，
叮叮咚三十二个铜钱数时辰。
听得鸡鸣哎啼四更，
伸长了颈项瞟天明，
哎吆嗬号子打得一条声。

车篷打水的另一种方式是利用风力，即风车，海安里下河地区为风车集中使用地区，直到20世纪60年代，还有部分风车正常使用。电影《柳堡的故事》中风车成为极具里下河水乡特色的镜头，曾经风靡一时的电影插曲《九九艳阳天》中就有"风车呀风车那个吱吱唱呀"的唱词。电影《夺印》中也有"水乡三月风光好,风车吱吱把把臂摇,挑肥的担子连成串呀,罱泥的船儿水上漂"的唱段,可见风车确是里下河水乡的重要特色景象。

里下河风车

风车除打水部分车篷与畜力车篷结构一样外,主要区别在于风力传动部分,车篷旁边竖起高大的人字形木架,木架顶端安装可以转动的风叶,风叶一般用自身分量较轻的杉木杆或粗毛竹,钉成倒三角形,细麻绳绷上白帆布或土布。风叶一般四至六片,风起时,随风转动,带动木架中轴,同样利用齿轮传动原理,带动车篷打水。

风车虽然是利用自然风力,但也须有专人照看,如遇大风时,必须降篷(落下风叶)刹车止转,否则有毁车甚至伤人之险。

20世纪60年代后期,农村开始通电,新建车口、灌溉渠、柴油机、抽水机也已普及,人力水车、畜力车篷及风车均很快停用,这些大型农具,如今只能在一些农耕博物园或乡村旅游景点才可以看到。

栽　秧

　　秧田施足基肥，上水浸润一段时间之后，便是"墁田"，水牛拉耙，人站在耙上，将秧田墁平，便于秧苗栽插。栽秧前先起秧，即在秧母田内拔起秧苗。起秧最要紧的是不能伤苗、断根，手上要使巧劲，故一般均由妇女进行。拔出一把，在水中荡去泥土，然后扎成秧把，用麻绳结成的泥络集中挑到秧田岸边，再一把一把抛向田中。抛秧把也须技巧，讲究落点准确，每把基本上正好够这段栽插距离。起秧大多在清晨进行，为全天大田栽秧准备充足的秧苗，起好了秧才上岸吃早饭。早饭主家大多是以昨夜煨熟的粽子为主，粽子"经饿"，没有多少水分，不怎么要小便，不然妇女栽秧时要小便是个困难。

　　旧时栽秧全靠人工，农民躬身倒步前行，秧棵行距株

做秧田

耙田

秧田趟耙

拔秧

距整齐匀称,横平竖直,而且要保证棵棵成活,不能过浅有"浮棵",也不能过深有"勾子",一切全凭栽秧技术与经验。在秧田"上行"栽秧的人称为"领行的",均为全村公认的栽秧能手。"头趟师傅尾趟工","领行的"要把行拿准,等到他先栽了三四行,其余人开始陆续下秧田,紧跟其后,行距株距均以他为样板,栽秧的速度也以他为标准。因此,旧时主家请人栽秧,"领行的"必须特别恭维照顾。

栽秧为农家一年中最重要的农活,重点在抢时间,秧田上了水,就不容耽搁。栽秧之日,主家请周围邻居村民帮工,对其多热情待客,除早、中、晚三餐外,上下午还要各加一顿"晌午"和"晚茶",多为馒头、酵饼等点心,以补充体力,如皋、如东南部地区称之为"搀腰",很形象,栽秧躬身时间长了,筋疲力尽,需要"搀腰"。中午饭一般较丰盛,至少四菜一汤,以鱼、肉、蛋为主。主人一旁斟酒敬客。沿海地区讲究要用应市大黄鱼红烧,此时大黄鱼鱼膘特肥,一定要让给"领行的"人吃,以示尊重。

一般人家秧田无论大小,均须在当天栽插完工,不可留待次日,否则秧苗返青有迟早,不仅关系后期管理,甚至会影响成熟与收成。大田栽完后,如有余秧,则在下工时由"领行的"将其挨把放在上水口一角,以备日后补棵之用。

由于栽秧时整天泡在水田中,腰背容易染上风湿,故下工时,主家要在田岸边备好一堆小麦秆或者油菜秆,点火燃烧,插秧人背火围站,让火烘腰暖背,借以驱寒去湿,通经活血。如皋、如东南部地区在烘火时,"领行的"还会领打一些轻松号子,众人应和,号子内容一般都是祝福主家,黄秧棵棵发,收成胜上年,仓房堆不下等。主家听得高兴,晚饭必定多加酒菜。

栽秧也有号子,海安里下河水乡有句俗语,"栽秧若是不啦春,四十五天不生根","啦春"就是说"春话",因栽秧男女同工，故栽秧号子多有男女"啦春"打趣内容，如女的唱：

　　　　　　南风吹来暖洋洋，
　　　　　　手把黄秧家家忙。
　　　　　　栽秧要栽个笔笔直，
　　　　　　屁股一歪弯了行。

男的则唱：

　　　　　　南风吹来暖和和，
　　　　　　不说春话不发棵。
　　　　　　妹妹若是闪了腰，
　　　　　　晚上就来抱哥哥。

海安里下河地区栽秧号子曲调优美抒情，差不多就是一首完整的民歌，一人领唱歌词，众人和以号子虚词，一群姑娘们唱起来特别好听：

　　　　　　小秧来青青哎麦呀麦子黄，
　　　　　　庄户人家栽呀么栽秧忙。
　　　　　　姑娘来栽秧哎抢呀抢上趟，
　　　　　　秧担那个两呀么两头晃。
　　　　　　栽下来黄秧哎万呀万万棵，
　　　　　　稻花那个十呀么十里香。

20世纪80年代，海安白甸乡群众文化工作者将这首栽秧号子（也称"挑秧号子"）整理编排，搬上舞台，深受观众欢迎。

其实，白甸这首栽秧号子就是一段山歌，如东南部地区就称之为"秧田山歌"，如东文化馆采录的部分新店"秧田山歌"，行腔自由，音调高亢，唱词较多，类似叙事山歌：

　　　　　　早晨啊下田呗露水多，
　　　　　　一脚踩上了个螃蟹窝。
　　　　　　螃蟹啊做窝呗好散籽，
　　　　　　种田的两脚在泥水里拖。

晚上啊下工呗遭大风，
一头啊碰破了纸灯笼。
灯笼啊亮着呗为照路，
种田的无处把个身容。

（副歌）：

一根呀竹子哎辟四叉，
搭个呀旱棚哎好过夜。
鸡叫呀头遍哎就冻醒，
主人呀指着哎鼻子骂。
拿我的竹子把我的钱，
白工啊做到哎三十夜。
主人家守岁哎鱼肉吃，
穷人啊饿得哎眼发花。
一副啊腰杆哎两只手，
做来啊做去哎难糊口。
饿得呀三根筋绊着个头，
不如啊主人家一条狗。
喂狗呀如同哎供祖宗，
四碗呀四碟哎满桌堆。
难道呀穷人哎不是人？
该派呀吃苦哎穷一辈！

秧田山歌也有不少描述男女爱情的，如东南凌的"天上星多十三行"即其中之一：

天上的星多十三行哎，
吴妈妈养个"痛痛样"（小宝贝），
有十三个媒人发帖子哎，
十三个木匠打嫁妆，
十三个裁缝做衣裳。
衣裳做了十三套，

农民唱栽秧山歌

鞋子做了十三双。
（副歌）：
你不到人家倒也罢，
撂下我光棍苦难当。
哪个同我洗？哪个同我浆？
哪个同我裁剪做衣裳？
姐儿叫声郎哥哥哎，
你不要忙，不要慌，
我到人家不久长，
未曾上轿婆要死，
未曾下轿公又亡。
姑娘小叔上山遇老虎，
亲丈夫出门落长江。
我到人家二三年，
也不曾解带脱衣裳，
你哪个不嫌我二婚的，
你我二人配成双。
这些内容各一的秧田山歌，农民栽秧时哼唱，既转移消除了疲劳苦累之感，也借机抒发了旧时农民久埋心中的对世道不公的怨愤或者对爱情的追求与向往，成为珍贵的民间文化遗产。20世纪70年代，如东文化工作者将新店高腔大山歌整理改编成民歌领唱、合唱《山歌向着北京唱》，成为一出深受观众欢迎的优秀文艺节目。

打　场

栽秧之前，三麦登场，在20世纪70年代开始使用小型柴油机为动力的"南山52"脱粒机之前，三麦脱粒，人们普遍使用碌碡。这种古老的农具，它的主要用途是压平打谷场，碾压谷物使其脱粒。乡亲们把前者叫"做场"，后者叫"碾场"。

"做场"。在庄稼登场之前，先把一块结实平坦的场地整平，然后把表面的土耙碎耙细，用碌碡滚一遍碾平整，然后均匀地泼上水，洇上一夜，第二天早晨，撒上麦糠，再一次拉着碌碡，一圈圈滚压。碌碡有棱齿，滚压前，要备上一摊稀泥，掺上麦糠，拉着碌碡在里面滚上一滚，将碌碡的齿沟填满泥，使表面变得平滑。《秋日田园杂兴·其五》："新筑场泥镜面平，家家打稻趁霜晴。"用表面平滑的碌碡平整后，再扫

打场碌碡

扬场　　　　　　　　　　打场

去麦糠晾晒干的新场，确实能给人"镜面平"的感觉。

"碾场"要把填满沟槽的泥去掉，恢复碌碡的棱齿。那时，每个生产队都喂养着几头牛，"碾场"时，要先放场——用叉子把收割上场的麦捆解开，在场上铺成厚薄适中的一圈。接着把碌碡挂上专用的拉架。碌碡的两头不一样粗，碌碡粗的一头要朝外，这样更适合拉着转圈。把牛套上后，一声吆喝，牛鞭一扬，牛便拉着碌碡不断地滚动，一圈一圈地在麦草麦穗上碾轧。这时的打谷场就像一台旧唱机，在麦子铺成的唱片上，牛拉着碌碡的唱针，咯吱咯吱的声音，像风吹着一扇半掩的木门。这声音跟嘹亮的赶牛号子汇成了一首交响曲，让人们心里热乎乎的，似乎看到了丰收的希望。

"秋天到，稻上场。拉起碌碡来碾场，满场的稻谷泛金黄……"与碾压麦子不同的是：碾压稻子要给牛戴上竹篾子或铁丝编制"笼嘴"——牛不吃麦草，爱吃稻草，戴上"笼嘴"后，它就只能一心一意干活了。

炒焦屑

六月初六，正值大暑天气，有"六月六，吃口焦屑养块肉"之说。焦屑即为北方语言中的炒面，但制作方法与炒面有较大的区别。炒面是在烧热的大铁锅内将面粉炒熟即可，而焦屑则是先将小麦粒炒熟，然后上磨磨碎成面。选取颗粒

焦屑

泡焦屑

饱满的新上场小麦，下锅炒熟。炒麦工具为一把用田边沟坎上拔来晒干打去枯叶细枝的青蒿秆扎成的草把，双手握住，在大铁锅中搅动翻炒。此道工序须由有经验的人操作，火候大小、炒制时间均须密切注意，否则不是未炒熟就是时间炒过了带焦味。小麦炒熟后麦香扑鼻，趁热上石磨磨成麦粉，经两至三磨后过罗筛筛成细麦粉装入瓷罐。

焦屑为农家农忙时的快餐食品，既可当早餐，也可当晚茶。夏收夏种大忙时节，农民没有时间烧煮饭菜，就用焦屑临时充饥。焦屑食用方法一般有两种，一为开水冲泡，筷子搅成糊状，加些红糖，口味极佳。另一种吃法则颇类似藏民的糌粑，抓一把焦屑放在碗中，稍加一点开水，用手顺碗沿将焦屑调和，捏成一块半干半湿的面团，手抓食用。这种吃法多在农忙地头，可边做农活边吃。小孩子多是这种吃法，当零食点心吃。

夏 味

如皋滨江，如东临海，海安接壤里下河地区，舌尖上的夏天滋味最为丰富，通扬河北的"河鲜"：青鱼、鲢鱼、白条、鲫鱼、河虾，以及遍及沟河塘汊的黄鳝、河蚌、蚬子、螺蛳等。如皋江边几十年前可捕获刀鱼、鲥鱼、河豚等"长江三鲜"。而如东长达百余千米的海岸线及滩涂，则出产大量海鱼,如大黄鱼、小黄鱼、鳓鱼、鲳鱼、马鲛、鲻鱼、带鱼等。盛夏到来,掘港、马塘、洋口、栟茶等镇登岸的"海鲜"遍地皆是竹蛏、白条虾、对虾、文蛤、车螯、蛤蜊、海蜇、泥螺、蟛蜞蟹、梭子蟹等,舌尖上如东夏天的滋味太丰盛了!

夏天天气炎热,20世纪东乡各城镇百货公司、供销社、小商店里均有免费供应的茶水,但孩子们还是去小摊子上买一分钱一杯的"荷兰水",那黄澄澄的、橘红色的"荷兰水",盛在透明的玻璃杯中,盖上圆形玻璃,还是很有诱惑力的,实际上就是用糖精、色素、薄荷、香精加白开水配成的。大街小巷时常看到一些小伙子和小姑娘骑着自行车带着木制保温箱卖棒冰。他们用一小木块敲打着木箱盖,大声叫卖。冷饮棒冰也是孩子们的最爱。各地茶食店应时推出夏令食品:绿豆糕、薄荷糕、酒酿饼、印糕、潮糕、夹沙糕,其中,潮糕松软糯绵,洁白素面,圆形印花,码放在宽大的木盘中,上面覆盖干净的纱布,可算是夏日开胃的食品。盛在小汤碗内售卖的酒酿尤受老年人欢迎。

海安北部地区一些人家还有夏天早上吃炒粥的习惯,第一天晚饭会多煮一点大米粥,预先盛起来留着第二天早晨炒了吃,但早上炒粥的方式与众不同,那是要将鲜嫩的韭菜用

20世纪70年代卖棒冰

酸梅汤

酒酿

油盐炒熟了,再将粥和进去烧热,确实爽口。如若天气太热,过夜粥馊了,农人也不会轻易倒掉,而是放一些面粉或玉米面、元麦面进去,待发酵之后用铜勺舀少许,倒进加热放了食油的铁锅内,面液向下自然流动,形成旧时农村挖土的蒲锹形状,一个个饼团团围住,炕熟了用刀分别切开,这便是老少咸宜的"蒲锹头子饼",也称"老酵饼"。旧时东乡农家都会做"老酵饼"。

海安米饼店的米饼味道独特,这种由粳稻米粉发酵,在普通铁锅中由红茅草当燃料炕熟的米饼,焦黄的底板、洁白的饼面上散发出诱人的香气。现在海安米饼,基本上都是用平铁锅烤制了。东乡人夏天早饭的小菜,大多数家庭喜欢蒸咸菜、马齿苋,乃至于茄子干、茄子皮用酱蒸了吃也有,很少涉及鸡鸭鱼肉蛋之类菜肴,间或凉拌时令瓜菜,也会拍黄瓜、炝萝卜等。

夏日炎炎,大家小户中午饭都喜欢烧一锅"蛤蜊冬瓜汤",也有用干淡菜(贻贝)烧冬瓜的,味道特鲜。既补充水分,又调整了胃口。"冬瓜皮青椒炒茶干"可做下饭的小菜。三年自然灾害时期,为了响应政府"低标准,瓜菜代"的号召,东乡家庭主妇动脑筋,想办法,相继在家前屋后、庭院左右,种上南瓜、丝瓜、扁豆,从此"南瓜面""南瓜饼""南瓜糯米饭"摆上许多家庭的饭桌,新鲜的丝瓜汤、扁豆烧芋头也给燥热的夏天更换舌尖上的味道。贫寒家庭烧一锅冬瓜汤、炖一碗"蟹渣面糊儿"将就一下也是常事。

东乡人夏天的滋味,更多地认同"清淡"的养生理念。"韭菜黄豆米熰豆腐""韭菜炒笋瓜丝""辣椒虾皮炒老豆腐"等为家常菜,最要提及的是"红烧茄子",不同于今天在饭店吃的"油焖茄子"。东乡生长的茄子外观为长圆形,紫色叶柄。"红烧茄子"是一款素菜,讲究烹饪,做功精细,青椒、蒜瓣、甜面酱少不了,还需要用生姜、香葱爆锅。

东乡人夏天的晚饭五花八门。旧时每天傍晚,烧腊摊子陆续摆在城镇大街巷口让人们挑选,过去海边滩涂的野生动物数量众多,野味摆上餐桌毫不稀奇。如獐子(河麂)肉、兔腿、五香甲鱼(鳖)大受欢迎,"兰花卤汁干""兰花瓣"也是俏卖。蟛蜞蟹腌制后上了餐桌,还有掘港的鲜泥螺、醉泥螺。至于螺蛳、臭豆腐干及酱园的豆腐乳、什锦酱菜、糖醋蒜头更是司空见惯。约17厘米长的菜瓜是腌制酱瓜子的原料,也可饭前临时从瓜田里采摘下一条来,一破两片,扒去囊籽,切成薄片,拌上盐,在大碗里抓几下,沥去水分,淋几滴小磨麻油拌了,谓之"炝菜瓜"。旧日穷苦人家,夏日晚饭多是靠一碗"蟹渣",一种用梭子蟹捣碎腌制的酱,蘸几筷子下粥。

消夏避暑,食瓜是必须的。旧时东乡西瓜不如香瓜长得多,香瓜价钱便宜,不少人家都是整篮子香瓜往家里买,买西瓜的情况多数是为了款待客人。香瓜品种有"黄金瓜"(黄色)、"苹果瓜"(白色)、"芝麻梨"(翠绿色),还有硕大的"奶奶哼",也有叫作"烂敦子瓜"的,是一种淡黄色球形,瓜肉不十分甜,但像香蕉很面的瓜,小的不到一斤,大的可重达五六斤。还有枕头形状、翠绿色、有棱有花纹的水瓜，亦称"棱儿瓜"。

20世纪70年代后期，各城镇食品店夏季开始经营冷饮，初始为"赤豆汤""绿豆汤""甜酒酿""酸梅汤"等，慢慢发展到"赤豆刨冰""冰镇橙汁""冰牛奶"等，80年代初则发展到"冰激凌""冰咖啡"，再后来就有了奶茶店、咖啡馆等，浪漫新潮，符合改革开放后青年人追逐时尚的心理，晚6点以后这些冷饮店一座难求，每天夜市到了12点也很难打烊。

第八章　七月流火

乞　巧

七月初七，为"七夕节"，类似于西方国家所谓"情人节"。这是一个与牛郎、织女传说相关的民俗节日。相传为玉帝拆散而分居天河两岸的牛郎、织女二星于此日"鹊桥相会"，普天下所有的喜鹊皆聚于天河，互衔头羽，搭成鹊桥，牛郎、织女得以相会。

海安里下河地区"七夕"风俗，女孩子于七天前用红、绿、蓝三色线扎于手腕上，称作"扎绒"，"七夕"当日，将"扎绒"取下抛到屋顶上，让喜鹊衔到天河搭桥，以便牛郎、织女相会。

七夕牛郎织女鹊桥相会

七夕之期，年轻女子聚于月下，用五彩丝线进行穿针比赛，以七至九枚钢针为限，穿行又快又准者为"巧"；或母亲唤女儿于灯前穿针引线，以乞灵巧。古诗云："乞巧楼前乞巧时，金针玉指弄春丝。"也有些姑娘于此日正午，摆清水一盆，轻轻放入绣花针一枚，浮于水面者为"巧"，针影又细且长者称"大巧"。《梦粱录·七夕》卷一记载宋代"七夕"风俗："于广庭中设香案及酒果，遂令女郎望月，瞻斗列拜，次乞巧于女、牛，或取小蜘蛛，以金银小盒儿盛之，次早观其网丝圆正，名曰'得巧'。"[1]所谓"观其网丝圆正"，即看蜘蛛所结蛛网是否密实，如是则证其巧。可见乞巧及七夕风俗流传已久。

海陵东乡乞巧节，少女多喜摘凤仙花瓣加明矾捣碎，裹在手指上，用布条包住，翌日即染成淡淡胭脂红指甲。另有传说，此日晚间，卧于韭菜田中，还能听到牛郎、织女相会时的窃窃私语。有些痴心男女真想一试，其实是借此幽会而已。"七夕"或"乞巧"与"二月二""花朝节"一样，其实均为古时民间专属于妇女的节日。

七月初七，落日时西天常出现漂亮的晚霞，小孩子们纷纷立于庭前，观看云霞变化，彩云飘忽不定，变化莫测，一会儿像层峦叠嶂，一会儿又似猛兽动物，奔马、群羊、游龙、彩凤，惟妙惟肖，凡看得快、评得准者，众人齐声为之喝彩！此俗亦称"七月七，看巧云"。

七月半

七月十五中元节，海陵东乡俗称"七月半"。中元节与正月十五上元节、十月十五下元节并称"三元"。传说此日为中元赦罪地宫清虚大帝的诞日，并谓整个七月阴间鬼门大开，无祭孤魂四处闯荡，因此，中元节期间寺庙要举行盂兰盆会，普遍超度孤魂野鬼。旧时地方戏草台班子多于此日上演

---

[1] 沈启无：《大学国文》，沈阳：辽宁人民出版社，2011年，第5页。

七月半祭祖

应时戏《目连救母》。

是日家家于晌午时分祭祖,海陵东乡有"早烧清明晏烧冬,七月半亡人等不到中"之说。里下河地区流传明代某年七月,此地遭受特大洪涝,百姓未及吃饭,即葬身鱼腹,均成饿鬼。于是,后人形成了晌午时分敬亡人慰祖先的风俗。

旧时有些富裕人家为求平安发愿心,或因回家一般较晚怕遇野鬼者,于此日请和尚放一台利孤焰口以超度,当晚在高墩上竖桅杆,悬挂七盏灯笼,名"七星灯",以召唤孤魂野鬼前来看戏受斋。

海陵东乡人家于中元节普遍吃"扁食"。"扁食"形似较大饺子,多以甜豆沙为馅,少数也有用青菜剁碎加肉丁的,面粉发酵包裹成花卷灵芝形状,上笼蒸熟。"扁食"为祭祖主食,外加菜肴水酒。祭祖焚化的锡箔纸钱主要是给"门中三亲",但中元节还须另外在屋角巷尾烧化一部分纸钱,谓之"祭孤"。这是专门奉送给孤魂野鬼的,以免他们危及家人。

斋孤与祭孤稍有不同,一般在农历七月三十傍晚。天快黑时,当家的捧几刀"茂昌纸"上打成一串串半圆形孔的纸钱，到河边、路边，烧给那些没有善终、没有宗族后人祭奠的孤魂野鬼。尤其那些家里有幼童的人家，多是由祖父在家的四周路口、河边，全部烧一遍纸钱，乞求那些路过的魂魄们远离自己的孙辈。正如有句俗语所说，"七月三十大放赦，孤魂野鬼都来拿钱"。昏暗的夜色里，处处燃着点点烟火，空气里弥漫着烧纸钱的味道。这种气息透露出的，是古人的和谐理念。人们认为，没有善终的人，他们死后的魂魄会在人世间游走，他们无法进入后人的堂屋。后辈祭奠时烧的纸钱自然就得不到了。它们是冥界里经济上没有收入、感情上倍受煎熬的苦鬼。那些没有后辈祭奠的鬼同样也是冥界的弱势群体，因为鬼的能量要依靠阳界族人的阳刚之气。这些受苦的鬼在七月三十会感到更加痛苦，在属于它们的节日里，它们仍然是那样的孤苦，它们心中的怨愤会累积，会爆发。于是，人们就不约而同地走出家门，在丁字路口，在河边，给它们烧一串纸钱，告慰这些孤苦的鬼：阳界的人并没有忘记它们；同时也请它们不要惊扰了自家的孩子。因为孩子的阳气还不足，容易受到阴气的冲击。

放河灯

　　海安里下河地区水网密集，沟河纵横，旧时每年总有不少人死于水中，故"中元节"夜晚必放"河灯"，以祭祀水鬼，俗称放荷花灯。一般情况下，在寺庙里和尚念了经后，僧、俗两界即开始进入放河灯的程序。放河灯，要数中秋节规模最大，盂兰盆节放河灯规模略小，但此时正值荷花盛开之际，也就叫放荷花灯了，诗意似乎更浓些。一般来说，北方说成"放河灯"，黄河上放河灯据说场面颇为壮观，现在当然不行了，一放就搁浅，扫兴得很。南方呢，江河湖滨多，规模虽小而场面热闹，干脆就叫"放水灯"。荷花灯是用纸做的,粘成莲花瓣状,填了红绿颜色,大俗大雅,天黑后,点亮了送到水面上,随风飘去,一路飘向远方,终于与天边的星星融成一片。岸边的孩子三五成群,一路目送,心潮澎湃,在他们的一生中,会留下无比美好的印象。

放河灯的原始目的,是普度水中落水鬼和其他孤魂野鬼。萧红在《呼兰河传》中有一段文字是对此的最好注脚:"七月十五是个鬼节;死了的冤魂怨鬼,不得托生,缠绵在地狱里非常苦,想托生,又找不着路。这一天若是有个死鬼托着一盏河灯,就得托生。"①

大概从阴间到阳间的这一条路,非常黑,若没有灯是看不见路的,所以放灯这件事是件善事。当然,后来这一宗教诉求就变成了一场小小的、饶有趣味的娱乐节目。中国节庆习俗的大体走向就是如此,从宗教走向世俗,成了娱乐与审美的活动,但教育意义却不曾解构。

"河灯"一般是用小木块做灯座,中插灯笼专用小蜡烛,俗称小拜烛,粉红纸剪成荷花瓣状,用糨糊围住小蜡烛粘贴在灯座上,点燃蜡烛后就成为一盏漂亮的荷花灯,默默祈祷后,将"河灯"轻轻放入水中,随水波飘动。许多人齐聚河边放"河灯"时,满河灯光熠熠,似夜空星斗,颇为壮

放河灯

① 于水玉:《趣说中华民族传统节日(下)》,长春:吉林文史出版社,2013年,第386页。

观。"河灯"也有直接用荷叶瓣做的,将一小段蜡烛点燃放在荷叶瓣中间,放入河中即可,但较难随水飘动,燃点时间也短。如东沿海因旧时出海捕鱼落水遇难者较多,故放"河灯"也很流行,但所放"河灯"不用蜡烛,多用本地海产文蛤的壳子盛放香油,香油内插一根通草做灯芯,别具特色,燃点时间也更为长久。

盂兰节

七月十五,各地寺院都要举行法会,称为"盂兰盆节"。

"盂兰",在佛教中意思为"解倒悬",大约是极苦的意思。人死后堕落于三恶道中,如饿鬼道中的众生,腹大如鼓,喉细如针,饥饿难堪,像被倒悬着一样,极为痛苦。"盆"是盛载食物的容器,就是说:用这盆器盛着各种珍贵的美食,恭敬地奉献给佛僧,承仗三宝不可思议福田之力以解救其"倒悬"之痛苦。所以称为"盂兰盆节",也就是为解救先亡倒悬之苦,而盛设种种供养,奉施三宝之法会。

佛教故事云:佛在世时,其弟子当中,有一位名叫目犍连尊者,他是佛陀十大弟子中以神通第一而见称者。一天,他想起自己已经往生的母亲,不知现在何处。于是目犍连尊者就入定中观察,见到母亲堕在饿鬼道中,受尽饥渴之苦,目不忍睹,尊者悲痛万分,不忍母亲饥渴的痛苦,急忙就用自己的钵盂,盛了满满一钵白饭,运用神通送到饿鬼道中给母亲充饥。其母见了白饭迫不及待,非常高兴地伸出双手,捧到面前,但当她开口吃时,突然从口中喷出火焰,整钵的白饭都变成烧焦的炭一样,那还能吃吗?目犍连尊者看到这种情形,心里非常悲痛,于是想起恳求佛陀代为设法,济拔其苦缚。

佛陀对目犍连尊者说:"你要知道娑婆世界众生,一生都是积恶造孽,罪根深重。若你想救拔母亲,只仗凭你个人神通之力,非依仗大福德因缘之力量,确实是无法救离她脱出苦报!"

佛陀教导目犍连尊者:"你应当于七月十五日众僧自恣日,虔诚广设种种供物饮食,恭敬奉献佛僧,承仗三宝威德福力,拔济母亲脱离饿鬼道中饥渴之苦!"

目犍连尊者听闻佛陀教导之后,依随佛陀所示的方法,于七月十五日那天,预备种种饮食,盛于盆器之中,恭敬虔诚地奉佛献僧。后来佛陀也由于这个因缘,而讲了一部《盂兰盆经》。由此可知,七月十五日,能设斋供佛及僧,其功德真能超荐七世父母之罪业。

这是在民间流传很广的"目连救母"的故事,目连送往

盂兰盆法会

阴间的白米饭被一群饿鬼抢走了,后来得到佛陀的神谕,目连将就白米用乌树叶汁浸泡后煮成乌米饭,这样饿鬼们不再抢食,目连的母亲就能吃到儿子送来的饭食了。

晒　酱

　　农历六月下旬至七月初,正是阳光最为强烈的暑热时候,农家大多于此时晒酱。先将黄豆淘洗干净,清水泡开,下锅煮熟,捞起摊铺在芦帘上晾至七成干,然后收起,在簸箕中与面粉搅拌均匀,使每一颗黄豆都裹上一层面衣,接着摊铺在屋内用高凳竹箔架起的酱床上,如数量较少亦可直接摊铺在竹笸篮或竹簸箕内。竹箔或竹笸篮内须先垫上一层刚割下不久的新鲜蒲草,熟黄豆铺摊成厚约一指,上面再加盖一层蒲草或新鲜芦柴叶子,虚掩屋门,让其自然发酵,产生"酱黄子"。约两天后,掀开上盖草叶一侧察看,黄豆上已生成一片白花花绿茸茸的菌丝,称为"白黄子"。再过两天,菌丝已变为云朵般的灰毛,称为"灰黄子"。最后两天,一片浅黄色绒毛状的"金黄子"出现,等浅黄色转为深黄色,发酵完成。此时掀去蒲草芦叶,放风略吹后,用铲子将发酵成功已成板块状的黄豆粉铲起,瓣成硬币大小块,摊在簸箕内放到屋外阳光下回晒。回晒很重要,否则酱会发酸。回晒后豆块水分收干,全部倒入黄釉酱缸中,加入事先以凉开水泡好的盐水浸没,同时加入生姜片、辣椒干、葱蒜汁、茶叶水等,轻轻搅拌后置于屋前场地中央让太阳晒,每天用竹制酱端子上下搅翻一次,约十几天后,黄豆酱便晒制而成,海陵东乡农家多以葱花炖豆酱下饭或作调料做菜。

　　海安李堡所做麻虾酱,被称酱中一绝。

　　海安东部河汊里有一种小虾,因为体积小,如同芝麻一般大小,得名麻虾。麻虾,形如蚊子的孑孓,但皮薄质软,通体透

晒酱

明,仔细观察,虾体上有两个黑点,那是它的眼睛。麻虾味道鲜美独特,在食物缺乏的年代,无疑是一道解馋的河鲜。

旧时,买麻虾不需要到集镇上去,麻虾船上的渔夫挑着两只木桶上岸后,会沿途叫卖。两只木桶里除了满满的麻虾外,还有一片醒目耀眼的河蚌壳。河蚌壳比较大,渔夫用它舀上一些麻虾,就够一家人美餐一顿。为了能经常吃上麻虾,不少人家都准备一个陶制的大盆,买上大半盆下盐腌渍储存。那时的农村没有冰箱,保鲜只能通过腌制。人们先给麻虾撒上食盐,再给陶制的大盆蒙上塑料网纱,放置在烈日下曝晒。很快,麻虾就会变成红色,并散发出一种诱人的特殊香味,这就是土制的麻虾酱。

旧时,麻虾的做法并不多,一般都是和鸡蛋蒸着吃,也有熬成汤汁浇在面条上的。20世纪90年代初,海安李堡人

麻虾酱炖豆腐

利用新工艺,做成了开盖即食的瓶装麻虾酱。

麻虾酱可以作开胃菜,也是火锅、面食、大饼、米饭的最佳佐料。

麻虾酱的新工艺配方及生产流程:由鲜虾10%~60%、发酵咸虾10%~40%、豆瓣酱20%~60%、色拉红油5%~30%,再加入葱姜汁等辅料制成。其制作过程包括清洗过滤、腌制麻虾、封晾发酵、混合搅拌、煎熬煮制及冷却包装。

立 秋

"七月流火",望文生义,似为形容暑热,实际意思却是说盛夏已过,暑热渐消。农历月底即为"立秋"节气。海陵东乡称为"交秋"。俗语"立秋以后见早晚",一过立秋,昼夜温差便开始明显。东乡立秋风俗,家家户户吃西瓜,据说吃了西瓜能烂肚子里的猪毛。旧时,人们对人体的消化功能认识不足,以为平时食用猪肉,肉皮上残留的毛茬在身体内无法消化,黏附在肠胃里,天长日久,堵塞肠道,引起疾病,而立秋之日吃下去的西瓜可将猪毛打净,以保肠道通畅。尽管此说明显没有科学根据,但也有一定民间经验。立秋正处

"大暑"与"处暑"之间,酷暑尚未褪尽,白天依旧炎热,吃点西瓜驱其暑湿,泄其温热,有利健康。此地习俗,立秋一过,人们便不再食用西瓜了,市场上立秋之后西瓜价格随之陡然下落。

海陵东乡有"啃秋"一说,也称"咬秋"。立秋之后,虽然骄阳似火,"秋老虎"依然发威,但毕竟已是强弩之末。入秋,果实渐渐成熟,成为人们"啃秋"的美味。

"啃秋"应时果实很多,东乡各地略有区别。海安里下河水乡以菱角为主。水荡里野菱已是碧叶满河,将原本宽阔的水面挤得密密匝匝。近前细看,一张张翠绿的菱叶被支棱

啃秋

采菱

着翘了起来，可见叶片下的菱角已经鼓胀成熟了。这时，村里的姑娘们便蹲上一只只小木盆，双手划水，驶向水荡中间，俯身采摘菱角。

菱角一般分两种，一种为常见的两角菱，果实饱满，果肉较大。一种为四角菱，果肉较小，但鲜嫩微甜，口感较两角菱要好。四角菱宜即采即食，可生食。两角菱宜吃老菱，需蒸熟剥食。水乡小孩此时多以煮熟老菱带在身边为零食，菱角常将衣袋或书包戳破。

海安里下河水乡以白甸镇所出菱角品质为最好，近年，白甸镇发展乡村旅游，每年早秋时节均举行"采菱节"，周边许多城市游客来此采菱，度假休闲。

石榴也是"啃秋"的重要果品。一些老宅屋前多栽有一棵石榴树，以祈求多子多孙，夏日满树花红似火，诗云"五月榴花照眼明，枝间时见子初成"。立秋时节石榴果实成熟，皮薄似纸，无数籽粒如珠玉玛瑙，闪闪发亮，咬一口满口生津，清香流溢。

如皋西乡多栽种枣树，此时便有一些孩童用一根竹竿打枣，枣儿散落满地，不管青皮、红皮，统统捡起，塞满衣袋书包，成为最佳零食。

再晚一些，柿子就成熟了，像一只只小红灯笼挂满树枝。海安李堡一带的小方柿是本地柿子中的名品。李堡小方柿个头较小，果形四方，甜糯可口，成为秋季水果市场的宠物，人们争相购买品尝。如今李堡小方柿已是著名水果商标品牌。

海陵东乡"啃秋"水果中还有一种较为特殊的"芦穄"，实即高粱的一种变种。芦穄茎秆比高粱粗壮高挑，叶宽长，皮碧绿，穗黑红，其茎秆汁水甘甜可口，人们用菜刀依节把它砟成尺把长小段，形似甘蔗段，当水果吃。不过吃芦穄剥皮要小心了，弄不好锋利如刀的芦穄皮就会割破手指。

一般都是大人将芦稷段剥好了给小孩子吃。芦稷可分期栽种，故一般按成熟先后，可从七月中一直吃到十月初。因此，芦稷便成为真正名副其实的"啃秋"佳品。芦稷多零星栽种在大田边角上，人们也不像庄稼一样特别去施肥打药，一般是自然生长，纯属天然绿色植物。

李堡小方柿

如皋香塘芋

第九章 月到中秋

中秋节

　　中秋节，海陵东乡俗称"八月半"。此日，与其他地区一样，海陵东乡人有吃月饼的习俗，稍不同的是，除吃月饼外，本地还要杀鸭子、蒸芋头、吃剪角毛豆。这是因为本地有"八月半杀鞑子"的传说，此日杀鸭子，即为"杀鞑子"。吃月饼也与此传说挂上了钩。宋王朝兵败后，元军南侵，此地沦陷。人们痛恨异族的残酷统治，暗中联络，准备起事反抗。某年中秋节，老百姓互赠月饼，饼上贴附一张小纸条，写明起兵时间和暗号。此日家家磨刀霍霍，口号"杀鸭（鞑）子"。晚上，皓月东升，明如白昼，人们拿起武器大杀元兵。这就是至今本地所产月饼上还贴有一小块纸片和中秋节"杀鸭子"的由来。

　　海安里下河地区所产鸭子，中秋时节正是肥壮之时，食用最佳。城镇富裕人家讲究的要做"八宝鸭"，即将整鸭拔毛洗净后不开膛，仅在腹部开一小口取尽内脏，再用小布袋装满糯米、肉丁、笋丁、冬菇及葱姜等佐料，塞进鸭肚内，用针线缝上切口，下锅加水文火煨烂，肉酥汤肥，鲜美可口。一般人家嫌其麻烦，多为切块红烧，或干脆从卤菜店里购买盐水鸭或酱鸭,也算应了节景。

中秋节海陵东乡将芋头与剪角毛豆同煮,也与"杀鞑子"传说有关。当年汉人抗元,杀了"鞑子"并以其头祭月,后人遂以"毛豆(头)""毛芋头"代替人头祭月。如皋西部及海安雅周等高沙土地区所长芋头,称为"香塘芋",个头不大,口感香糯,特别适合蒸食,乘热剥去外皮,白中略红的芋肉蘸以白糖,香甜绵糯,极为可口,现已成为极具地方特色的农产名品。

中秋之夜,晚餐之后,人们在门前空地或天井内摆上小方桌,正对东方,供奉月光娘娘纸马,称为"太阴星主月光菩萨"。设香炉烛台,陈设各种应时果品,如生梨、苹果、鲜藕、菱角、柿子及蒸熟的芋头、毛豆等,另有清茶、月饼。因为月光娘娘是女神,所以供品中不能有半点荤腥。待明月升起时,燃点高香,全家跪拜祭月。祭拜完毕,焚化神马,撤去供品,全家老少于月光下品食月饼。

旧时店家祭月,多于店铺前临街摆设香案。一些大商家供桌多达数张,祭品堆积,大香高烛,异香袭人,颇有摆阔斗富之意。

敬月光才是过节的核心所在。祭月祀月,对月亮崇拜不

敬月光菩萨

仅是中华民族的传统,也代表了人们的美好追求。据《清嘉录》记载,北方祭月,有印好的月神供在案头,仪注慎重繁复,南方祭月仅此香花月饼清茶而已;而如皋海安如东虽地处苏中海滨,应该属南方范畴,但敬月光却有"月光娘娘"纸像供奉。何为"月光娘娘"?实为木刻彩印在元书纸上怀抱一玉兔的嫦娥,纸坊称其为"月光纸"。春秋大

月光菩萨

祭祭祀祖宗,东乡人改"祭"为"敬",谓之"敬先",而中秋节祭月则称为"敬月光"。敬月光的器皿有讲究,最奢侈的莫过于银盆银碟,也有用描金斗彩细瓷盘碟的,小户人家没有这么讲究,民窑粗瓷盆碟照样也摆上桌。北方大多数人家只是把水果、月饼统统放在两只大盘子中,而如皋海安受扬州盐商文化浸润久深,对天地的敬畏程度超过任何地方,在祭天——敬月光活动中特别虔诚、较真。首先是水果至少不能少于六样,多至八到十样,那时罕见苹果、葡萄,但有人从苏州捎来佛手、柠檬,其他不外乎柿、梨、桃、石榴、香蕉、鸡头,有的人家凑不全,也有用沙枣、无花果、癞葡萄来替代的。尽管如此,每样水果四只,分别用碟的程式不能变。此外,还有煮熟的菱角、芋苗籽、带壳的水煮花生、盐水毛豆分别装盆;一支五至七节、藕节、叶芽包括顶芽完整的莲藕,用漆盘装盛,叶芽用红纸条包裹装扮,中间一节藕贴上红纸剪的葫芦(如果用于纳吉,藕上会贴上红纸剪的双喜),

这种藕在里下河一带被称为"花香藕",因为枝节、叶芽完好无损,又是"应景"之物,所以价值不菲。桌子正中摆放的月饼用浅盆(大盘)装上,除了香烛纸马外,少不了插瓶花果,一般为红月季、秋海棠,供桌前还有两只纸扎的月光灯,长方形,内点拜烛,三面分别水印"吴刚伐桂""玉兔捣药""嫦娥奔月"图案,供桌后部"月光娘娘"像前,献上祭红盖碗新茶三盅。

如皋一些地区还有中秋夜演提线木偶戏之俗,演出《嫦娥奔月》等应时戏,村民集资,约请木偶戏班演出,称为"提戏会"。

海陵东乡月饼多为苏式,有上素、椒盐、枣泥、豆沙、麻油、五仁、百果、火腿等品种,其品名都印制在月饼封口纸上。以"五仁"为主要品种,也最受人们欢迎。所谓"五仁",

广式月饼

五仁月饼

苏式月饼

农家自制月饼

即月饼馅料中所含五种果实,一般有松子仁、杏仁、核桃仁、糖渍红绿冬瓜丝等。月饼为店家专门制作,铁皮平炉烤制,品种多样,以馅料不同而区别。如皋城里百年老店"麒麟阁"的月饼曾经远近闻名,行销周边县市。

如皋西部及海安西南一带农家旧时有自家做"月光饼"的习俗,所谓"月光饼",即在土灶大锅上"炕"一只锅盖大的面饼,作为祭月供品。此俗今已难寻。

中秋节,农村儿童最为感兴趣的除吃月饼外,还有斗巧之乐,即选取各种果实,制作各种兽头,称为斗巧,如用菱角斗牛头,以扁豆荚斗马,以芋头斗猴子,癞葡萄斗金鱼,豇豆角加红豆粒斗蜻蜓等,互相比赛,以斗其巧。

如皋有一特别的习俗,中秋节家家户户"炕藕饼"。这时的皋城,大街小巷散发着"炕藕饼"的香味,那香味真是"此物只应天上有,人间难得几回闻"。

藕饼并非如皋特有,全国各地有多种做法。但如皋藕饼的做法最具特色,它不是"煎"出来的、不是"炸"出来的,而是"炕"出来的,也只有"炕"出来的藕饼最香、最好吃。"炕藕饼"要做得好吃,必须掌握好三个要点:首先,藕要选红藕,尤以宝应藕为佳;其次,藕必须切得薄薄的,且两片中间连着,肉馅要选五花肉,再掺进如皋地产的小米葱拌和;最关键的是"炕藕饼",锅内放少许油,将嵌好肉馅的藕饼裹上薄薄的面糊,放进锅里,用小火慢慢炕成七成熟先捞起来,吃时再回锅用中火炕三成。"炕"好的藕饼黄灿灿、油光光的,满屋弥漫的香味,让人垂涎欲滴,咬一口,藕香、肉香、葱香味扑鼻而来,唇齿留香,这是何等惬意的美食享受。

元朝末年张士诚在白驹场聚众起义,相约在农历八月十五起事杀鞑子,推翻元蒙人的血腥统治。中十场盐民及各场民众纷纷响应,家家户户在灶下烧小麦秆子,煮麻鸭子(江淮一带地方特产名鸭),炕发酵面饼;小麦秆子焚烧时发出噼噼啪啪的声响，起义民众声称放"麦关炮"，杀鸭子（谐音为"杀鞑子"），以此吓退敌人；此举沿袭下来，在农历八月十五这一天，家家户户都要做冷锅饼，吃葱烧鸭子。如今吃鸭子的习俗已不多见，但海安东部及如东沿海部分地区仍保留着八月十五打（做）冷锅饼敬月光的习俗。

中秋佳节亲戚之间礼尚往来，孝敬长辈也是再平常不过的事情。礼轻情义重，送礼并不铺张，仅一只老母鸭、两盒（2×4）八只月饼而已。20世纪50年代，如皋、海安县城店铺的月饼盒大致为方形，用黄纸板做成，盒盖上印有嫦娥奔月的图案；占比例很大的圆月，依稀若见美丽的月宫，嫦娥怀抱玉兔呈飞天状。旧时，和尚庙、尼姑庵也会在中秋节给施主居士们送礼，除了送藏香、棒棒香之外，还有盖了花戳的"五仁馒头""三辣菜"（芥菜萝卜干之类）、"长生果"（水煮五香新鲜带壳的花生），也有人家从自家院子里采摘柿子、石榴送人，送礼纯粹表示节日慰问，转达相互之间的感情，谈不上什么功利目的。

海陵东乡中秋节还有一种比较特殊的习俗，称为"送秋"。所谓"送秋"，就是中秋节晚上，从别人家庭院前后或田地里"偷"取几样带有"儿""子""宝"等字眼的东西，用红头绳扣成串，然后再悄悄地送到没有生育子女的中青年夫妻的床上去，以祈愿他们夫妻生儿育女。

"送秋"必须选择多子女之家的品行端正的男孩，一般需2~4名，以成双成对。节前一日做好准备工作：一是摸清需"送秋"户家夫妻房间床铺的准确位置，不致送错；二是选取到时可顺利摸取（偷）的物种、田块、位置，例如在某地里选中的一颗"紫果芋"，谐音"子可遇"，菜园里一只茄子，谐音"祥子"，柿子树上的柿子，谐音"思子"，枣树上的枣儿，谐音"早儿"等。比较难确定位置的是癞蛤蟆，俗称癞宝，用其谐音"来宝"，因其是动物，无法固定，只能认定一个大致藏身之处，到时碰运气。

"送秋"虽云"偷"，其实是各方心照不宣有意配合的一次习俗活动，小孩子到人家去"偷摸"东西，主人心里有数，看到也不声张，认为这是积德的好事善事。"送秋"时，先由大人去户家与其家长闲聊赏月，两相心里明白，大门、房门都敞着。当孩子们将"偷摸"来的东西成串拎过来时，主人装作没看见，有意让孩子们悄悄进门，摸到卧室床边。有调皮的小孩子在完成"送秋"任务后，会忍不住学新生幼儿"哇哇"哭几声，这时便引来主人大声笑骂："个细宝儿！"此时屋内屋外便笑声一片！主家以月饼水果厚谢"送秋"的孩子。

水乡簖蟹

金秋十月，是螃蟹（大闸蟹）上市的时节。旧时没有螃蟹大规模养殖一说，传统捕蟹大致靠网拉、笼提，或者"听蟹"。拉网一般设在活水大河，网兜装有铁网脚，紧贴河底，从两岸轮流拉网，迁移洄流经过此河的螃蟹碰巧就被拉网拉上来。提笼则是一种竹篾或细麻绳编织的圆柱形蟹笼，放入河中，螃蟹进入笼内，便难爬出。"听蟹"则是夜间在沟渠边上，侧耳细听蟹之吐沫声，然后循声徒手捕捉，也有以风灯或手电筒照明，利用螃蟹的趋光性捕捉的，多为孩童或小青年所喜欢。里下河水乡的簖蟹则别具一格。

"簖"，少有人知道，里下河水乡以前取鱼捕蟹都靠打簖。集体经济时代，这一传统渔业技术基本中断。20世纪80年代初期，改革开放，农村搞土地承包，允许农民搞家庭副业，发家致富，一些水乡渔民就抓住这个机会重操打簖技艺，挖到了农村改革后的第一桶金。

簖的制作过程比较繁复，首先，要用到蒲，蒲不光能制

簖蟹

造蒲扇、蒲席，还可以利用其较强的纤维韧性，制成蒲绳。每年秋后，人们把水荡边成片的蒲草采割下来，晒干，到冬天农闲的时候，老年妇女把晒干的蒲草用木榔头锤烂，然后搓成绳，供轧簖用。这个蒲绳的结实度不亚于麻绳。然后打簖的老渔民，买来"毛斗"，也就是毛竹，根据打簖河水的深度，锯成一段一段的，用刀劈成一根一根的竹片，再用蒲绳和竹片一起编成簖箔。所谓打簖，就是用簖箔放在河里拦住经过的鱼和蟹，这些鱼和蟹若游到和爬到簖内特制的"过水"，也就是竹篓，就有收获了。顾名思义，设簖取的蟹就叫"簖蟹"。

"簖蟹"所捕到的螃蟹特别肥壮，因为只有腿粗力大的螃蟹才能爬到竹簖顶部，然后翻落到簖网内，而一般瘦小无力的蟹只能停留于簖底，无法翻越，因此，"簖蟹"便成了肥美壮蟹的代名词，特别受市场欢迎，价钱也卖得很高。每到捕蟹时节，海安里下河地区渔民便到水荡打簖，将"簖蟹"源源不断地运送到上海等周边地区，据说，20世纪初，里下河"簖蟹"在上海就出名了。

重阳糕

农历九月初九为重阳节，故称"重九"，因九为阳数，又称重阳。重阳节登高，为流传久远的古风民俗，王维《九月九日忆山东兄弟》所记即是。

重阳节登高、佩插茱萸、喝菊花酒、吃重阳糕等习俗，汉民族南北各地皆同。微有区别者在其重阳糕的制作。

如皋潮桥林梓所做"潮糕"，为海陵东乡最具地方特色的重阳糕，制作技艺完全不同于其他地区所制米糕，极受人们欢迎。

林梓潮糕创于清雍正壬子年（1732），至今已有200多年历史。为江苏特产、苏北名点，名倾大江南北，《江苏名菜

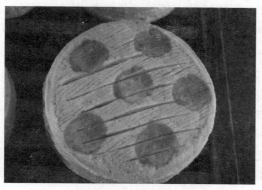

林梓潮糕

名点》一书曾做介绍。林梓潮糕选料讲究,以当年产优质糯米、粳米舂成米粉,拌入绵白糖、金桂花、松仁及红绿瓜丝,用荷叶垫底,制成圆形糕坯,精工刀切,水蒸而成。刚出笼时不黏手,弹性如海绵,米香、桂香、荷香,沁人心脾,香而不浊,甜而不腻,柔润爽口,风味纯正。既是可口的点心,又是馈赠亲友的上乘礼品

"潮糕"以地产糯米粉加适量粳米粉,拌合白糖、桂花等,倒入直径约30厘米的圆盘状杉木桶内,木尺括平,放入蒸笼大火蒸熟,倒上竹箔稍事冷却,用木戳呈梅花形加盖6只圆形红印,"潮糕"即成。"潮糕"最大的特色除形状与一般米糕完全不同外,主要在于其口感特别软糯绵甜,但又非常爽口,一点儿也不黏牙,特别适合老年人食用。因此,"潮糕"成为人们孝敬老人或馈赠客人的最佳地方土产品,每逢重阳等节日,各家"潮糕"店铺均被预订一空。

海安里下河地区因主产优质稻米,故所制米糕也有其特色,特别是白甸镇所制小方糕最为出名。小方糕制作大致有以下工序:

选米:选用优质洁白的籼米和糯米作为加工原料,去除杂质和杂米碎米,放在竹匾里待用。

兑米:蒸年糕的米用籼米和糯米混合而成,一般配比为4∶6,4斤糯米,6斤籼米,或五五对折,充分混合。

淘米:把大米放在开水锅中烫洗,增加黏性,漂白糯米,然后到河中淘洗干净。

浸泡:将淘洗干净的大米放在水桶中,水没过大米,浸泡8个小时左右,其间根据吸水情况适当补水。

沥干:将浸泡的大米放到箩筐沥干,需要两三个小时,随即放到石臼里舂成粉。现在一般直接用机器碾碎,但口感比舂米粉差。

插水:将米粉放在竹匾中,挖上几个小坑,将水倒在坑

中，每十斤加一碗水，充分渗透。水少了不易成型，水大了则容易结块，用指头挑起来，三四厘米高为好。

筛粉：将插水完毕的米粉充分拌合，揉碎筛好放在口袋中待用。天气特别寒冷时，要注意保温，如果潮粉冻成粉块，就无法筛粉。

脱糕：脱糕的工具有糕箱、底板、刮尺三样，底板（柏木最好，耐磨性强，上面雕刻福禄寿喜、一本万利、吉祥如意、八仙道具、各种花卉，纵横为8行，合计64块），装好糕箱，用罗筛筛细粉做糕面，再加粗面填入糕箱，用刮尺刮平，覆盖笼布，盖上蒸笼，翻转180度，用刮尺在底板上敲击两下，让底板与米粉剥离，使之更加清晰，然后拿掉底板，慢慢挪动脱掉糕箱，刷干净待用。

蒸糕：大火将水烧开，放在锅上蒸15分钟左右。一次蒸制两扇，四扇笼轮番使用，蒸锅的水不宜过大，不然沸腾之后年糕就会有水斑。

晾干：出笼后的年糕如果有裂痕要用手捏合，两块一摞，或者像多米诺骨牌一样排列，移到竹匾上冷晾，一天后即可收身定型。

吃法：一是蒸糕，将糕用水浸泡后放在蒸笼上蒸熟即可

里下河小方糕

食用。二是烫糕，将年糕放在水中浸泡后放入煮沸的稀饭或开水中，煮熟即可食用。三是煎糕，将年糕浸水后，在锅中放入少量食油，用文火将年糕煎得两面金黄，放上蒜花、盐，拌匀装盘食用，也可蘸着糖吃。

海安里下河小方糕，重阳糕与年糕为同一品种，以蒸制年糕为大宗，日常嫁娶喜事用糕亦相同。

香堂芋

香堂芋为海陵东乡中秋、重阳二节应时食品之一。如皋香堂芋一直被作为当地传统乡土食品，并作为如皋长寿食品的代表向外推介，得到海内外各界人士的青睐。

如皋香堂芋种植历史悠久，因其在烹饪过程中香气四溢、满堂芬芳而被冠以"香堂"美誉。据清乾隆十五年（1750）编修的《如皋县志》记载：香芋与芋别为一种，生沙土瓦砾地，蔓引不穷，子生地中，霜后掘取煨煮食之，入蔬尤佳，香味绝胜。

如皋香堂芋可制作多种美味佳肴，其香气怡人，口感细腻，质地软滑，酥而不烂，是粮、菜、饲兼用作物，在传统的农家菜谱中有芋头烧肉、芋头泥与肉泥加佐料制作的芋头

如皋香堂芋

蒸熟的香堂芋

丸、芋头豆腐汤、芋头扁豆饭等。不少追求返璞归真的都市居民,喜欢用最简单的烹饪方法享受其纯真清香,即"吃毛芋头",将洗干净的芋头直接连皮蒸煮,熟后去皮而食。如皋香堂芋一直被作为当地传统乡土食品用于馈赠和款宴各方宾客,并被作为如皋长寿食品的代表向外推介,得到海内外各界人士的青睐。

海安雅周镇与如皋西部同为高沙土地区,所产香堂芋与如皋香堂芋为同一品种,故同样负有盛名,亦为海安农副产品著名品牌之一。

蟹黄包

如皋的蟹黄包馅是以蟹黄、蟹肉、猪腿板肉丁、笋子丁等掺和在用猪肉皮熬成的胶冻中做成的。面粉加水和好,要发酵十多个小时,做出的包子筋韧口感好,皮子须擀得薄。刚出炉的包子黄澄澄的蟹油浸透包子皮,如一朵朵饱满圆润、黄白相间、含苞欲放的金菊,看着就是一种美的享受。轻轻提,碟中移,先开窗,后吸汤。用三个手指,从笼箱里轻提起蟹包，移入洁白的瓷碟中，咬一个小口，轻轻吸食蟹黄汁，然后倒点陈醋在蟹黄馅里，慢慢地连皮带姜丝、蘸酸醋细细品尝，蟹黄包蟹肉嫩白，蟹油金黄，油而不腻，那鲜美的感觉妙不可言。

如皋蟹黄包

传说很久以前，老如皋城有座小山包，山脚下有个深不见底的"仙人洞"。洞里有条大蟒蛇，蛇尾在洞里，蛇头能伸到北门护城河对岸包子店里。包子店不大，常常座无虚席。老板想多做点生意，天天让伙计们多做些包子，宁可第二天蒸热了再卖。一天打烊后，老板把多下的包子连蒸笼放在楼上，锁上大门回家。第二天早市，他发现包子少了。第三天情况还是如此。老板查问伙计。伙计们受了冤枉气，决心要查出眉目，是夜躲在吊桥底下等着捉贼。五更时分，猛听河面上一阵"哗啦"水声，蹿出一条巨蟒，蛇头一拱，包子铺楼上的窗子就被推开，蛇舌头一伸，就卷着一只只大包子吞下肚，吃饱之后，巨蟒就缩回了山洞里。有个聪明的伙计说："白蛇娘娘喝了雄黄酒会现原形，我们何不也买点雄黄放在包子里呢？"于是大家瞒着老板买来雄黄，拌在肉馅里，专等蛇来吃。夜里，蟒蛇照样来偷吃，一口吞一个，两口吞一双，回到洞里再也不见它出来了。后来，店里做包子时就在肉馅里拌上蟹黄，蟒蛇看到包子皮上蒸出来的黄色蟹油，以为里面拌了雄黄，就不敢吃了。久而久之，其他包子店也都仿效做起蟹黄包子来。

祈 寿

在科学知识缺乏、医疗水平低下的年代，人们往往把健康长寿寄希望于上天的恩赐，因此，出现了祈寿现象。一些祈寿习俗虽不具科学性，但它对人们的心理安慰作用不可小视，也是长寿文化的一个组成部分。正如佛得角驻华大使德莫赖斯在2012年10月率50国驻华使节夫人来如皋参加长寿文化节后的感言："长寿就像一部交响乐，各个因素构成了如皋的长寿，这就是如皋的长寿文化。"祈寿习俗便是长寿交响乐中的一个独特的音符。

长命锁·长命索·银项圈

妇女坐月子期间，娘家的"月子礼"中少不了银质长命锁、项圈、手镯、脚镯等小孩的饰物。古人说，银饰在身，养生祛病。戴银饰能安五脏，定心神，止惊悸，除邪气。银子能吸收毒素，检测毒素；能降低血脉的热量，防治疾病；还具有熄灭亢奋的镇静功能，防止小孩受惊，民间有用银子为发生惊厥的小孩收惊的做法。此外，戴银饰也有祈寿的理念。旧时婴儿成活率低，为保住婴儿，民间想出

长命锁

了许多法门。古人认为银子具有辟邪作用,再在长命锁上刻上"长命百岁""福寿双全"等祈寿的内容,加之锁、索、圈(手镯、脚镯亦为圆圈形)都有将婴儿锁住、扣住、圈住的含义,于是,婴儿便得以"生根"。生存无恙,这是人生健康长寿的第一步。

过百路

所谓"过百路",就是在婴儿出生百日的那一天,所举行的祈求婴儿长寿的祝福活动。这一天卯时(上午5—7点),外婆(或祖母)右手将婴儿抱在怀中,左手拿着线香和小扫帚(有辟邪之意),在县城内长巷和百岁巷走一趟。途中,抱婴儿者不断念叨:"某某(婴儿名字)长命百岁。"穿过长巷、百岁巷后,再到集贤里、状元坊,其意企盼婴儿将来成为"长命百岁状元郎"。县城四周的乡间人家,有的在婴儿百日前一天便赶至城内,以便不耽误第二天卯时婴儿"过百路"。远乡的人家进城不便,也有抱着小孩过百岁桥、百岁坊、百岁庄等处的做法,与城里过百路祈寿祝福的含义相同。

取名·寄名

东乡人认为,人的名字和易经八卦相通,与天人感应相契,是有数、有形、有音、有义的文字符号,这些"数""形""音""义"决定着人的"后天之运",它决定着人一生的"命运"乃至寿命。"名中一字值千金","不怕生坏命,只怕取错名",所以,如皋人往往在小孩未出生之前就筹划着取名。旧时文化落后,初取的是乳名,往往从能活好养的角度考虑,一是以动物取名,如猫儿、狗儿、狮子、虎子、鱼儿、虾儿等,人们认为动物易活好养,叫这些名字不易夭折;二是以物品取名,如锁儿、扣儿、网儿等,人们认为这样就能把新生儿锁住、扣住、网住,不至夭折;三是以神化物取名,如龙儿、凤儿、山儿(如皋无山,把山看得很神圣)、海儿等，既有长寿之意，亦有望子成龙、望女成凤之义。待其长大后，再请教书先生等有学问的人取大名。

如皋还有一个风俗，就是"寄名"。所谓寄名就是将名字寄于佛，或寄于比较神圣的某个物。如皋人认为通过这种形式取名，就能消灾免灾，求得吉祥，长命富贵，延年益寿。

千年古刹定慧寺有一位93岁的老和尚性观法师，为人寄名数十年。和尚先将名字取好，再跪拜观世音，念《心经》《大悲咒》，最后赠长命锁、消灾符等。也有群众自己烧香礼拜，寄名于某种圣物的。如古银杏树，可寄以银杏、白果之类的名字。到某佛教圣地，则可寄以其地名等。

冲喜·拢喜材

东乡人冲喜或拢喜材，都是在家人久病不愈的情况下，用喜事冲破灾难，致使转危为安的一种做法。

冲喜，一般是未婚青年男女订婚后长期生病，通过正常治疗不见好转，便采取提前办喜事以求病情好转的一种做法。若病情不太严重，可正式结婚；若病情非常严重，可象征性地举行一些仪式。这主要是用喜事来调节病人心理，通过心理治疗来带动病情好转，其中也有迷信因素，认为"喜神降临"，就能使百邪回避，用喜事就能"冲去晦气"。此外，也有老人生病让未婚儿媳提前过门冲喜的。

过去，东乡人一般在老人去世后做棺材，老人在世时就做棺材称为"拢喜材"。也有在老人生病时拢喜材的，企求起到宽慰老人心理的作用。老人看到儿女提前将棺材做好，认为儿女很孝顺，无后顾之忧，会心存喜悦，有利于健康长寿。喜材做好后，由木匠说詥子。说詥子是东乡的一种民间文化，喜庆场合一般均可进行，以盖房最多。从文字上看是歌谣、顺口溜的结合体，拢喜材说詥子的内容就是对老人健康长寿的祝福语。

避三·贺九

所谓"避三""贺九"是指人的生日而言。如皋人的习俗是30岁向上，每逢"三"，如33、43、53、63、73、83、93、103岁时不在自己家里过生日，大部分人是在隔日晚上到亲戚家去，直到过了生日的第二天后才回家。如皋人过生日"避三"源于古人对数理的认识。古人认为"三"有终了之意，汉代扬雄《太玄经》曰："三岁不还。"范望注："三，终也。"[1]由此，如皋人生出很多说法，如"每逢三，要过关"。

东乡人从60岁开始，对整十生日进行庆祝，称为贺寿，但"贺九不贺十"，即从59岁开始贺60岁生日，69岁贺70岁生日，依此类推，99岁便庆百岁寿诞。这种习俗，一方面有历算之理，如果按一年12个月计算，60年应为720个月，可农历平均不到3年就要闰月一次，59岁时已经超过720个月了，所以，贺九不贺十并没有超前祝寿。另一方面有趋吉之意。

长寿面

---

[1] 李伟民：《法学辞源》，哈尔滨：黑龙江人民出版社，2002年，第84页。

《说文解字》对"十"的解释是:"数之具也。"①这里的具是"全""足"的意思,也可以理解为"满了""到头了",如皋人觉得不吉利。同时,古人认为数字也有阴、阳之分,奇阳偶阴,九为阳数,十为阴数。天为阳,地为阴,因此,《易·系辞》曰,"天九地十"②,如皋人理所当然选择"天九"。贺九不贺十,实际上是贺九避十。

贺寿时,堂中挂寿星像或"寿"字及寿幛和寿联,圣柜上放寿礼,掌寿烛。过生日者,称"寿星佬儿"。中午,拜寿开始,"寿星佬儿"向寿星像或"寿"字行一跪三叩礼,向列祖各行一跪三叩礼,回寿星像前,祝颂长辈长寿,并各行一跪三叩礼,然后受拜。祝寿者,长辈到场不行礼,平辈作揖,晚辈跪拜。中午吃面,席中置长春花一盆,寓"长命百岁"。亦有因下面条过烦,简化为席中一盘炒面,上插长春花。贺百岁极为隆重,主家赠"百岁碗"。

百岁碗

---

① [东汉]许慎:《说文解字全鉴》,李兆宏,刘东方解译,北京:中国纺织出版社,2017年,第299页。

② [明]蕅益:《周易禅解》,刘俊堂点校,武汉:崇汉书局,2015年,第277页。

"偷"百岁碗·讨万家饭·戴红帽子

如皋百岁老人寿宴用碗被称为"百岁碗",参加寿宴者吃完饭,无须主人同意,就将"百岁碗"偷偷带回去给小孩吃饭用,以沾寿气。这种习俗是由"偷"高龄老人逝世后的斋饭碗演变而来的。过去,百岁寿星极少,难得有百岁寿宴。所以,高龄老人去世后,如皋人要做佛事,请僧人和来客吃斋饭,饭碗往往被客人"偷"走。尤其是姓万、姓卜(与"百"同音),有万寿百岁之意,其斋饭碗更易被客人"偷"走。后来,这种"偷"百岁碗的习俗越来越普遍,主人便事先做好充分准备,特制"百岁碗"作为礼品回赠宾客。现在这一风俗已由客人"偷"百岁碗变成了主人向客人赠送百岁碗。

如皋民间流传着一种说法,"八十三,要讨饭",说是凡83岁去世的老人。到了"阴曹地府"要被"阎王爷"惩罚行乞万家。因此,凡83岁去世的老人,儿女要穿着孝服乞讨万家饭,敬供死者。说是有儿女代劳,阎王爷就不再让死者在阴间行乞万家了。但是,要讨万家饭谈何容易,更何况还要办丧事。有人就想出一个主意,到姓万的人家讨一碗就算是"万家饭"了。孔子曰:"生,事之以礼。死,葬之以礼,祭之以礼。"①如皋人不仅在父母生前尽孝,而且对父母死后"负责"。这种说法其实没有什么根据。但如皋人很认真,生怕父母到了"阴间"受委屈。同时还有一层意思,鼓励活到83岁的老人,还要继续坚强地活下去,免受"阴间"行乞万家之苦。因此,也具有祈寿的含义。

如皋老人去世,子女晚辈以白衣、白帽为孝服,但也有特殊,就是第四代,即死者的重孙辈戴红帽子,玄孙辈则戴绿帽子。现有戴黑袖套的,重孙、玄孙赐为红、绿色。民间有

---

①夏静:《礼乐文化研究读本》,北京:商务印书馆,2017年,第10页。

一种说法，凡是见到重孙、玄孙的老人，到"阎王爷"那里就不用下跪了。所以死者入殓时，凡有重孙、玄孙者，都要将红帽子、绿帽子或红袖套、绿袖套给死者带在身边，也有特制红色婴儿内衣（俗称"毛衫"）塞在死者贴身之处，作为与"阎王爷"见面时不下跪的证据。这也是对长寿老人的祈寿和激励，老人都争取活着见到重孙、玄孙、四世同堂、五世同堂，既在人间享天伦之乐，到"阎王"那里还能挺直腰板，不用下跪。

长寿之乡

如皋是著名的长寿之乡。2008年被授予"中国长寿之乡"称号。如皋当年145万人中百岁老人高达265位，总数位居全国县（市）之首，占比高出国际标准每10万人有100岁以上老人7人近一倍多。此外，当年90岁以上的老人有8300多

长寿之乡老人

人，80岁以上的老人有58100人。地处江海平原的如皋，不仅是我国沿海地带的长寿之乡，也是处于工业相对发达地区的长寿之乡。

2011年10月25日上午9时，如皋市隆重举行世界长寿乡——中国如皋授牌仪式暨新闻发布会，继2008年成为中国长寿之乡后，该市又荣获世界长寿乡称号。世界长寿乡中国如皋授牌仪式暨新闻发布会活动由国际自然医学会、世界长寿乡科学认证委员会、如皋市人民政府共同主办。仪式上由国际自然医学会主席森下敬一博士宣布如皋"世界长寿乡"调查成果，授予如皋"世界长寿乡"匾牌。

2018年元旦刚过，世界第六大长寿乡如皋公布了一组新数据：该市百岁老人总数从2017年的385位增长到2018年的403位，是中国百岁老人总数最多的县（市）。长寿，成为如皋这座千年古邑最负盛名的城市名片。

根据国际标准，海安如东也早已超过长寿之乡的标准，2018年，地处里下河水乡的海安市墩头镇7万人中100岁以上长寿老人已达13位。其中，最高年龄老人108岁。另外，还有99岁老人11位。

2018年，上海市评出最长寿老人10名，其中第一名111岁的徐素珍原籍海安，儿女成家后即数十年长居海安，实际是上海户籍的海安人。

第十章　大冬小年

腌　菜

十月朝，农历十月初一，又称"十月朝日"。此日烧经祭祖，煮食赤豆，寓送走苍蝇蚊子。谚云"过了十月朝，早上斫草晚上烧"，表明草木枯黄，气候干燥。

冬至，农历十一月间，阳历12月22日为冬至日。俗有"冬后十天阳历年"之说。冬至前一日为"小冬"，祭祖。冬至日为"大冬"。旧时"大冬大似年"，闭市一日，亲友拜贺。

年年到了十月，东乡人家就开始忙着腌咸菜，一般为雪里蕻（雪菜）、高杆白、百合头、芥菜等。

雪里蕻腌了，既可以平时当咸小菜吃，又可以烧雪菜豆腐汤、雪菜笋子汤等，到了过年，还可以切碎了，包雪菜肉丝馒头，它有一种奇特的鲜味。还可以晒干，切成咸菜干，煮红烧肉等。

腌制雪里蕻，有两种方法，一种是切碎了腌，一种是整棵腌。

菜买回来，用水洗干净，然后挂在绳子上吹干，用盐将菜棵在盆中揉搓，撒盐时要注意撒一些在菜心上，揉搓菜棵一定要搓出"汗"，也就是卤汁。搓好盐后将菜棵一层压一层放到缸里,每一层都要再洒些盐,最后用粗盐封头,再用石头压好。过一周,可以翻一下缸,十天左右就可以吃了。

社会上流传着"一缸黄金荒年饿死人,一缸咸菜干度过荒年"的故事,冬天多腌些咸菜,大雪封路也不用愁了。

如皋农村腌菜以腌制萝卜干为大宗。并不是为了自家做下饭咸菜,而是成为卖给商家的农产品之一。每到初冬,如皋农村家家户户门前都是晾晒萝卜干的竹箔,雪白一片。如皋萝卜栽培历史可上溯千余年,相传在唐太和年间(827—835),如皋定慧寺僧侣早有种植,曾用自种的萝卜雕刻成莲花、佛手、宝塔、灯笼等作为供品,并馈赠施主,时称莱菔,其种子叫莱菔子,供药用。后逐渐流传民间,广为种植。清乾隆庚午年(1750)编修的《如皋县志》载:"萝卜,一名菜菔,有红白二种,四时皆可栽,唯末伏秋初为善,破甲即可供食,生少壤者甘而脆,生瘠土者坚而辣。"[①]如今红萝卜种植已很少,只在端阳节前后有少量上市,都以白萝卜为主。现在的如皋白萝卜就是经产地农民几百年的精心选育和栽种培

腌菜

---

①中国人民政治协商会议江苏省如皋市委员会,文史资料研究委员会:《如皋文史(第6辑)》,1991年,第180页。

育而成的具地方特色的萝卜良种。用它为原料经精细加工而成的"如皋萝卜干",是久负盛名的江苏特产,历来远销国内外市场。

如皋地区气候条件优越,水肥条件较好,且多为沙性土壤,很适宜白萝卜的生长。经过数百年精心栽培和选育,所产萝卜品位明显优于外地所产,如皋萝卜名扬天下。而如皋又以如城周围新民及东陈、大明所产的"赛雪梨"牌萝卜为最佳。现已培育出具有明显地方特色的白萝卜良种。如形似鸭蛋的"鸭蛋头",茎盘细似颈的"捏颈儿",百日可收的"百日子"等。它们的共同特点是皮薄、肉嫩、多汁,味甘不辣,木质素少,嚼而无渣,以嫩、脆、甜享誉四方,赢得了"赛雪梨"的美誉和"烟台的苹果莱阳的梨,不如如皋的萝卜皮"的夸赞。因其生津开胃、清火降气之功效极佳,如皋民间流传着"晚吃萝卜早吃姜,不需医生开药方"之说。腌制萝卜的流程与其他地方有所不同。一般每个农户都种植,少则几分地,多则几千平方米地。待萝卜长成鸭梨大成熟时,拔后去叶洗净,然后请周边邻居帮忙,手工切成桔块状,放在外面竹帘上晒三至五天,使萝卜片基本脱水后,收回,把盐搓在萝卜片上,放在缸内,三五天翻缸一次,半月后所腌萝卜片由白变黄,就可食用。

用如皋萝卜腌制如皋萝卜条,相传始于唐太和年间(827—835)。中华人民共和国成立后,如皋酱醋厂继承和发扬了传统工艺生产的"东皋牌"萝卜条,形似橘片,色泽黄澄,芳香独特,咸中带甜,具有香、甜、嫩、脆的特色。1983年,获外经部荣誉证书和江苏省优质食品奖,1985年,获全国出口产品优良荣誉奖状。20世纪70—80年代,如皋萝卜干大量出口到马来西亚、新加坡、泰国等国家。

入冬之后,腌制咸菜,除雪里蕻、萝卜干之外,海陵东乡特别是里下河地区及海安东部至如东沿海地区,还腌制胡萝卜缨子，称为焯黄菜。"冻板儿响，胡萝卜长"，胡萝卜秋后种下，入冬正是根壮叶茂时节，此时焯黄菜为最佳时机。胡萝卜根茎已长成，深埋冻土之中可保鲜至开春，割掉地面上的萝卜缨子（叶子）对胡萝卜生长没有影响。旧时农村普遍缺口粮，往往闹春荒，此时农家就靠地头田边挖些胡萝卜加几把玉米糁子熬粥度日。不缺粮人家，胡萝卜则作为养猪的精饲料而大量种植。因而，虽入寒冬，草木枯黄，而绿茵茵的胡萝卜缨子却随处可见。用小镰刀在距胡萝卜根上六七厘米处齐齐割下，去杂洗净，摊在竹箔上晾干，就可以焯黄菜了。

焯制之前，要预先备好一盆凉开水，以便焯时快速冷却去热，保证黄菜的新鲜脆嫩。焯制时，将一大锅水大火烧开滚沸，一手将萝卜缨子扯进锅内煮烫，一手随即用一只树枝削成的小木叉将烫过的萝卜缨子捞起来，放入一边凉水盆中快速过一下再摊到另一边去，如此反复焯制。

焯好的萝卜缨子下缸撒盐腌制，与腌制雪里蕻一样，也要用石板压实。胡萝卜缨子在腌制过程中由青转黄，发出一股酸香味。"一缸黄菜一缸米"，说明黄菜在饥荒时亦可与主粮搭配食用，如黄菜糁子饭、黄菜粥、黄菜面等。

黄菜最佳食用方式为做配菜。家常做法是将黄菜挤干切碎，烧黄菜豆腐汤，或黄菜粉皮汤，香而含酸，特别爽口开胃，别具风味，农家孕妇尤喜此汤。

海安里下河地区以黄菜烧河蚌，味尤鲜美，成为一道独具特色的地方名菜，一些农家乐旅游景点推出此菜后，很受上海等大城市游客欢迎。

腊　肉

如皋火腿为驰名特产，制作火腿必须挑选当地尖头细脚、皮薄肉嫩、毛重60千克左右的健康良种猪，洗净鲜腿后根据其大小、肥瘦修成竹叶形或琵琶形。腌制时严格控制用盐，腌熟后及时洗晒，然后保管发酵。保管发酵是火腿具有特殊品质的关键性工序，发酵周期为5~6个月。火腿的整个制作周期共10个月左右，一般以霜降至立冬间，气温在2~10℃为最佳生产时间。皮薄爪细，形似竹叶、琵琶，瘦多肥少，红白鲜艳，风味独特，色、香、味、形均佳，可长年贮存，四季皆可进食。如皋火腿不仅美味可口，还有补益身体和祛除疾病的功效。据记载：火腿有益肾、养胃、生津、壮肠、固骨髓、健足力之功能。

如皋是江苏省著名生猪产区，生猪品种称"东串猪"，为瘦肉型猪种，如皋的火腿制作始于清代中叶，绵延相传数百年之久。清光绪二十一年（1895），如皋广丰制腿栈（即广丰腌腊制腿公司）生产的火腿，获美国檀香山国际博览会金奖；宣统二年（1910），如皋火腿又在江宁（今南京）举行的南洋劝业会上获优异荣誉奖。是时，如皋火腿畅销海内外，在上海和美国旧金山等地均设有分栈，与浙江金华、云南檀越并称中国三大制腿中心，时人将之与浙江金华火腿并称"北腿""南腿"。与金华火腿相比较，如皋火腿稍咸，且精多肥少，肉质也比金华火腿稍老些。如皋火腿的特点是薄皮细爪、造型美观（形似琵琶或竹叶），具有色泽鲜艳、咸香味美等独特风格，以色、香、味、形"四绝"著称于世。火腿营养价值很高，富含蛋白质、脂肪、钙、磷、铁等成分。

如皋香肠历史悠久，是闻名全国的品种之一。其生产始于清同治年间，至今已有100多年历史。清末如皋曹鸿记香肠获"南洋劝业会"二等奖。可与广式香肠媲美，被称为如式香肠。如式香肠是具有100多年历史的如皋香肠，产品誉满全国，被评为商业部和江苏省的优质名特产品。其特色是条形整齐、肉质紧密、色泽鲜艳、咸甜适度、香味浓郁、营养丰富、精肉嚼而不老、肥肉油而不腻，深受群众喜爱。

如皋香肠原料选用猪坐墩肉,切成1厘米见方的肉料,肥、瘦肉比为2∶8,加适量姜汁、白糖、曲酒、精盐拌匀,灌入预制好的长40厘米左右的肠衣中,扎紧两头,弯成U形,晾晒5个晴天以上。这样制作的如皋肠具有条理整齐、肉质紧密、肥瘦比例得当、干爽结实、大小适度、色泽鲜艳、咸甜适宜、香味浓郁、营养丰富等特点,产品质量享誉国内外。目前,如皋市比较有名的香肠品牌有"如皋牌"香肠、"银燕牌"香肠、"玉兔牌"香肠。

拉 鱼

东乡除海安里下河水网地区外一般称冬季捕鱼为起沟,大河用网拉,小沟河则直接车干河水,下到河底捉鱼,鱼捉完后顺便捞河泥肥田,故称起沟。

海安西北地处里下河水乡,河道纵横,水草丰美,自古就有"鱼仓"之称。许多农民以捕鱼为生,成为事实上的渔民。因此,地水面宽阔,捕鱼以长网围捕为主,故称拉鱼。

过去渔民生活困顿,穿着破烂,被人们瞧不起,称为"鱼花子",仅靠一条小船、一口破网营生。捕鱼的人最忌讳

拉鱼

有人大清早说"拉网",因为拉网就可能没有收获,所以渔民自嘲"童言无忌",说到拉鱼那是讨了口彩,运气肯定不错。

渔民一年到头都在水上漂泊,夏天夜里捕鱼,早上走村串户卖鱼,寒冬腊月,冻爿飒飒,霜水滴滴,渔夫身裹一件棉袄,穿一副套裤,系一条围裙,赤着脚站在船板上撑船开网。

捕鱼有很多形式:拉网、叉网、丝网、捣网、套网、撒网、扳罾、踢罾、提罾等,五花八门、各显神通。

拉小网,也叫"拉爬网",用麻捻成线,用梭子结成网,拼成口袋状,上面长,下面短,用竹竿做管头、下口系上铁砣子好让网下沉,竿头一拉像龙嘴张着,管头两边用绳子系在两边,船上的渔民用篙子撑船,岸上的人脸朝地用纤绳套着,腰弯着向前走,像爬行似的,所以叫"拉爬网",这种捕鱼方式只能捕到小鱼小虾。

如果遇到水面港汊多,就需要几口网、几家人通力合作,将渔网编结起来,一幅渔网谓之"一品",宽约4米,高7米有余,当中长,两边短,上面用钢绳系住,用0.2米长,七八厘米宽的杉木做成"鱼浮子",下面用铁砣子做成网脚子,便于网纲下沉。有的大网需要几十品。开网之前,先在起网处打拦网、防止鱼儿逃窜。开网在宽阔的四汊港下网,中间横着一条船,用竹篙将网撬起,两边用长桶放上支架,把网浮撑起,防止大鱼越网逃跑。拉大网一边两到三人,主板一人,帮纤一至两人,腰着纤板,向后退行,嘴上哼着号子,愉悦情绪,营造鱼乐的气氛。

白甸西泊成为冬捕的主战场,最多的年份可以拉到四五万斤鲜鱼,拉大网捕鱼成为人们最美好的乡村记忆。

据传,清朝年间,白甸就有农历十月半举行渔兰会传统习俗。由渔民出资搭台唱戏,立十七层斗香,高4米余,时辰可燃两天两夜。开坛前供奉三牲(猪头、花鱼、雄鸡),祭祀由经验丰富的老渔民主祭,戏台上摆放渔翁抱鱼的神像,两边条幅为"破冰撑篙开网去,踏浪背纤鱼虾归",两边插上8杆幡旗,上面绘有鲤鱼图案。

圣坛开祭,鼓乐齐鸣,主祭上贡品焚香祷告祭祀鱼神,保佑开网大吉,天天见鱼。祭鱼神仪式盛况空前,人声鼎沸,好不热闹。于是渔民有了好心情,捕鱼有了好收成,应了"年年有余"好兆头。

做斋事

东乡称料理亡故亲人后事为做斋事,习俗一般为,病人弥离之际,家属在场送终。人死后,即派人或发烧角信将死讯告知亲友,称之送信,上门报丧送信人须倒夹一把雨伞,亲友一见便知,立即跪地哭迎。死者经理发、揾身、更衣后,从停床移置棺盖,用高凳搁于堂屋正中,男称"寿终正寝",女称"寿终内寝"。孝子披麻戴孝,焚化"千张",并请僧道做"法事"。次日或数日后入棺,并请阴阳先生选定时日"大殓",将棺盖钉实。设灵堂,棺前设供桌,正中有遗像或木主,设香口碗、烛台、供品。左右挂孝幔,幔前挂孝幛、孝轴、挽联之类。幔后左为主人,右为主妇,分别向男、女吊丧者"还礼"。出殡时,幡幛引路,鼓乐齐鸣,家人和亲故送葬,沿途撂"千张"。逢路口、桥梁化纸。大户人家的棺木入廊后,家属迎回木主,送入宗祠。死者亡故后,每隔七天一祭,俗称"做七",至49天终止。死后100天称"过百日",亲属大都放焰口。至周年,再设祭,称"过周年"。三年内每日供奉饭菜,三周年时,"满坟""脱孝",不再每日供奉饭菜。

海安里下河地区百姓对丧葬、祭祀非常重视,长期以来形成了一套颇有地区特色的丧祭习俗,且程式复杂,名目繁多。

当地人大多认为做斋事是人生大事,应操办得既规矩又隆重，这样才能让死者阴魂早日平安升天，否则会殃及后嗣。如果死者为寿福俱全的长者，则场面更为铺张。现以老人丧事为例，略记当地的丧俗。

老人刚死就被抬到门板上，置于家中堂屋（即指明间），头朝南、脚朝北，头略高于脚。经验气后确认已过世，便开始整容。因人们认为死如新生，打扮得越艳丽漂亮越好，所以往往精心为死者梳头、涂口红、擦胭脂（无论男女），如果死者为女性，还要披上大红披风，宛如待嫁的新娘一般。接着为死者换新衣，俗称"老衣"，一般是小红褂、小红裤、棉衣、棉裤，这些在老人生前很早就由他自己或子女准备好。寿衣选用红色，据说是因为，人死后要在剥衣亭剥衣服，剥到红色，以为已经出血了，就不再剥。不论何种季节都要给逝者穿棉衣、棉裤。有趣的是，当地流行这样一种做法，内裤及罩裤均是开裆的，尸体停于木板期间用死者生前旧裤子塞在两腿中间，直到入棺后才抽掉旧裤，钮上外裤，并将旧裤焚化。同时，和尚开始诵念"开路经"，亦称"发脚经"，意为灵魂起程并为其开道。讲究的人家，在停尸当夜就请和尚到家诵经演戏，俗称"放停（挺）尸焰口"。大和尚则坐台诵弥陀经，被称为"祝忏"，然后点燃纸钱包，其中装有"纸元宝"，并焚化三只"青魂轿"以供灵魂驾乘而去西天。烧完千张纸后，就在堂屋顶柜上放置一盏长明灯，长明灯要点七七四十九昼夜，为灵魂去"西天"照亮路途。与此同时，在堂屋门口两边各放一张方凳，上面供奉鱼、肉、凉粉、千张之类。每张"供桌"上只放一只筷子，且放在外侧，这是专为阎王差遣的两个勾死鬼而设的，据说勾死鬼吃饭只用一只筷子。

灵魂既已启程，尸体就移到棺材内，并有正寝、盖棺、升高、设灵位的做法。这一程序极为考究，参加者神色庄重、举止恭敬，以示敬重之意。死者如果是父亲，则由伯父、叔父前来"执钉"。死者如果是母亲，则由娘舅"执钉"。执钉者请来执钉木匠，木匠腰缠"冷带"，一头束于自己腰间，一头捆在尸体上，然后将尸体从木板拖到棺材中。冷带用宽六寸、长六尺六寸的白棉布制成，事后便馈赠给执钉木匠。尸体移放时须保证位于棺材的正中，其具体做法是，在棺材正中央的上方悬挂一枚铜钱，在移动尸体的过程中，用铜钱对准死者鼻梁以校正。停尸之后是"喂灰"。所谓"喂灰"，就是在棺材内放入装有草木灰、石灰等物的纸包，又成为"塞肩包"，当地流行的做法是一岁一只包，如死者享年八十，则要放入八十只纸包。当地百姓不能解释这种做法，其实喂灰这一习俗起初可能是出于防腐防潮的考虑。

接下来是盖棺。所谓"盖棺"，就是请执钉木匠将棺盖四角钉牢，俗称"挽钉"。挽钉时，由长子或承嗣双膝点地、手举托盘，托盘内放有柏树枝和一把用红布缠裹的斧头，木匠从盘中取斧钉依次钉下，钉最后一角的钉时，剪下儿子或承嗣者的一撮头发，包入红纸包，钉进棺内，这颗钉便是"子钉"，钉完子钉，挽钉仪式便告结束，"孝子"方可起立。"子钉"一般钉在棺材南端的左侧。钉"子钉"，在当地人眼中含有报答父母养育之恩的意思。棺材盖定，始称灵柩。人们将灵柩抬高搁置在板凳上，便于接煞，俗称"起高"。起高之后，设置灵位、搭丧棚。

灵位设在灵柩前，灵牌上一般写着"中华人民共和国先祖考（妣）某公（某门某孺人）灵位"字样，另置香炉于前。在灵前还要供奉食品，一般是米饭、鱼、肉、凉粉之类，外加一只酒杯、一双筷子。对死者的祭供，时间长短不一，视关系亲疏及孝悌程度而定。

"起高"之后便是"搭丧棚"。丧棚一般搭在门前院子里，以木棍、竹棍搭成框架，覆之以席。搭丧棚目的有二，一来向亲友邻里举报丧事，二来供亡灵辨认。丧家常在堂屋屋顶上放一只死者生前用过的枕头，俗信可让死者之灵认清家门。这只枕头要到"断七"（即七七四十九天后）才取下，传说，它可用以治疗枕头风，但大多将其焚毁。此外，要换门联、挂孝球、贴阴报。门联、喜钱需换成白色的，并禁止燃放鞭炮。门联的内容大多围绕祈愿亡灵平安，比如"昨日骑鲸去，何日跨鹤归"。它反映了灵魂再生的仙化观。孝球悬挂在门框内侧，它的外层是绿色彩纸，内层是白色的纸球，孝球也要挂到"满饭"为止，提前揭下，则被视为不孝。阴报，用白纸写上死者生辰、卒时、孝子名字及"头七"至"断七"的日期等，并张贴在芦苇做的告牌上。

烧七，每七天举行一次祭奠活动，一般逢七，仅家中小规模香烛祭奠一次即可，但"五七""六七"则邀请全部亲友参加。"五七"由儿子承办，需请和尚放施食焰口，一般至少要请7~9位和尚，有放单台的，有放双台的，即坐台大和尚为一位或两位，有些富裕人家甚至有放4台6台的，和尚总数加上吹打有数十人之多了。焰口一般在晚10时左右开台。开台前还有一段娱乐节目，称为"打戏"，由吹打僧人演奏民间丝竹乐曲，如"三六""八板"等，或清唱京剧折子戏选段。焰口高潮部分在"散花"，每至此时，管事道人总要高声提醒主家"散花了！"人们纷纷围聚聆听。"散花"时，众和尚轮流高声演唱，所唱内容为看破红尘的劝世文，对观众有一定的道德教化作用。焰口在次日凌晨结束，称为下台。

"六七"由女儿女婿操办，在"五七"当日发请帖隆重邀请所有亲友参加，不收礼金。此日所做佛事，规模比"五七"更大，放焰口之前，还有"破狱"等仪式，大和尚在屋场上赤脚挥舞禅杖高声诵经"破四门"。随后还有"娱神"同时娱人的大型表演仪式，如"跑方""高渡西方桥"等，颇具观赏性。此时，四乡八邻围观者甚众，主家感到很有场面。

"六七",最重要的仪式是"翻香口碗",由女儿跪翻。娘家兄长或弟弟要给姐姐或妹妹赠送银斧,表示祝愿姐妹家代代富,同时还要赠送"洋钱"即银圆数枚,以作纪念。

砌 屋

海陵东乡称建新房为砌屋。本地传统民居城镇乡村大不相同。城镇多为青砖小瓦屋,一般居民三间正房加厢房围成小院,大门沿街巷旁开。富裕家庭则前后三进,大户人家多至五进七进,形成深宅大院,大门朝向东南。城镇青砖小瓦屋,进深多为三至五架梁,外形特色为屋脊两侧均有高高翘起的以砖瓦精心砌成的尖角,角尖向内折勾,称为"招财",其意自明。乡村农民所居住房屋,除少数人家为砖瓦房外,大部分为草扑屋,因这种草扑屋两脊翘起,形似元宝,本地人称之为"元宝屋"。

草扑屋建造之前,先要取土垫高屋基,本地人称为"杠"墩子,或"杠"住场。备好茅草、芦帐、桁条、椽子等一应材料后,聘请师傅选择良辰吉日开工。建造时间一般选

草扑屋

择在秋冬时节,因为此时天气冷、雨水少、温度低,盖屋的茅草不容易烂,从而使得盖上去的屋草越冻越结实。

建屋程序为先立柱,后上梁,最后铺椽盖草。建屋过程中亦有许多习俗。其中上梁最为隆重、仪式感最强,严肃而神圣。而上梁最招孩子喜欢的是可以抢馒头和糖果。

房子基础工程做好后,择吉日良辰上梁封顶。吉日选定后,亲朋好友于当日挑上装了礼品的册盘(类似于扁平抽屉样的木制容器)来恭贺。具体礼品为鲢鱼两条、馒头六十六只、菱形的糕一册盘、白糖堆成的大寿桃两只、一千五百响以上的小鞭两串、天地响大爆竹六只、或红或绿的丝绸被面一条,等等。所谓上梁是指上正梁,正梁是桁条中最粗壮、最光滑、最优质的杉木,之前用桐油抹了几遍,外表红通通的,摸起来细腻滑溜。

上梁分送梁、浇梁、照梁、抱梁、按梁等步骤。两个木工在不断燃放的小鞭爆炸声中,把正梁从作场搬运到新建房址,一边搬一边说唱朗朗上口的"富贵",也称"说歌子":
"脚踏楼梯步步高,四方神仙把手招。问问神仙招什么,上

上梁

梁吉时就快到。"当主家将一张毛笔写就的大红"福"字递给大木匠（掌作师傅）后，大木匠即倒贴在正梁中央（寓意福到），随后，主家递一壶酒给大木匠，大木匠便开始边浇酒边说"歌子"："酒浇梁头，你家代代出诸侯；酒浇梁腰，你家银子动担挑；酒浇梁尾，你家福如长江水；梁头梁尾都浇到，你家子孙坐大轿。"

浇完梁后，大木匠和大瓦匠分别骑在山墙上，用红绸扣住正梁两头，慢慢地系上屋顶，边系边朗声说唱"歌子"："系梁系得喜连连，好像库房撒金钱。系梁系得悬半空，好像金龙往上拱。"当梁系到山墙上后，暂时不搁上正位，大木匠继续唱着："日出东方喜洋洋，平阳之地造新房。前头造得三滴水，后屋还造九架梁。九架梁上插金花，富贵荣华发主家。"大木匠每唱一句，底下的小木匠、小工和乡邻们无一例外地齐声喊"好"。于是整个村庄的人气在此集聚，人人脸上挂着笑，主家更是合不拢嘴，穿梭着用"大前门"或"大丰收"香烟和水果糖招待看闲的乡邻。为了防止小孩乱说话，主家往往早就在显眼处贴上了"天无忌、地无忌、神无忌、人无忌、姜太公在此百无禁忌"。

接着，便开始照梁。房主在箩筛中央贴上一张小圆红纸，用红纸搓成尺余长的捻子，蘸上菜油点着火。瓦匠捧着镜子对准正梁上下左右照几遍，并唱道："观音菩萨坐大堂，平平安安世代长。"

照过之后，便是抱梁。瓦木匠把亲友贺礼送来的各式绸缎被面全挂在正梁上，那丝滑的锦缎被面霎时为单调的青灰石的半就新房增添了华彩，让人莫名心生欢喜，他们边将主梁往正位上移动，边唱道："红绿布儿喜洋洋，三尺布上按金梁。留下五尺栖凤凰，凤凰息在金柱上。金梁落在玉柱上，状元出在你府上。"主梁上挂满了被面的，必定是亲朋好友多的大户人家，但是即便某些人家人丁单薄，被面挂得不体面时也会向邻居借几床挂在梁上长长脸，博个好彩头。

抱梁完成后，瓦木匠便把正梁两端一起放到原先测定好的方位上，这便是按梁。按梁时，亲戚送来的糕馒已经系了上去，瓦木匠边撒糕馒，边唱道："接宝，接宝，夫妇偕老。我手接你手，过到一百九十九。"于是，主家夫妇便穿着大衣服或者系着围裙分列在东西两头接糕馒。主家接过糕馒后，震耳欲聋的鞭炮声响起，看闲的乡邻，特别是孩子们都分散开来。山墙上的瓦木匠往下撒糕馒和糖果，哪边哄闹的声音响，哪边就扔得多，在推推搡搡间，如果有孩子没抢到就会"哇"的一声哭起来，这时抢得多的便会分他一两个，主家闻声也会赶紧送来两三个，外加几块水果糖，直到孩子破涕为笑。

东乡砌屋上梁仪式各地大致相同，所不同的是大木匠掌作师傅所说"歌子"，内容主题相似，但各自歌词有差异，所谓"各师傅各传流"，其中也有掌作师傅的即兴创作。比如有些地方木匠把屋梁先从地上抬高请到凳子上，掌作师傅一边端起酒杯向屋梁浇酒，一边朗声说道："高粱美酒百味香，主人不曾吃，师傅不曾尝，一杯一杯浇在中梁上。"接着说唱"十杯酒歌"："一杯酒，一品当朝；二杯酒，二仙传道；三杯酒，三元及第；四杯酒，四事如意；五杯酒，五子登科；六杯酒，六畜兴旺；七杯酒，七子团圆；八杯酒，八仙过海；九杯酒，九龙抢珠；十杯酒，十分财气。"梁到屋顶，等到主家请风水先生算好的上梁正时，掌作师傅又高声说唱："脚踏金梯步步高，王母娘娘把手招，凤凰展翅把头调，主家上梁的时辰到，斗大的元宝往家撂。"此时鞭炮齐鸣，掌作师傅从屋梁上向围观众人抛撒馒头、糕点、铜钱如仪。

与周边苏北农村建屋上梁稍有不同的是，海安、如东南黄海沿海一带渔村建屋上梁时辰，是根据本港潮水涨潮时间确定，涨潮谓之"涨财水"。上梁正时选在初潮时分，涨势猛，后劲足，取意旺财源源不断，滚滚而来。

上梁仪式中，在屋架东西两根立柱顶部还要竖起刚砍来的两根新鲜竹子，只留竹梢部分枝叶，在竹竿中部挂上竹筛，系以红绿布条，据说是象征神灵的巨掌，用以辟邪。

屋梁上好，椽子铺好并盖上一层芦苇帐笆后，草匠师傅上场。冬春季节，一大早就可见到几个草匠拎着"草扒儿"结伴而行，他们一律穿戴着破旧的衣帽，那是因为茅草里灰尘太多。一天忙下来，一个个灰头土脸的，"草匠衣衫没新旧"，无须讲究穿戴。

如皋、海安大部分地区农村草扑屋所盖草为小麦秆或稻草，海安及如东沿海地区则用沿海滩涂草荒田所产红茅草所盖。历史上沿海滩涂这些一望无际连绵数十里地的荒田红茅草有三个主要用途，一是供盐场灶户烧盐，消耗量很大。二是搓绳编织簖子，用于浅海潮间带张簖子捕鱼，或打成粗绳，埋在沙珩上结成绳扣固定张方网具。三是盖屋。这些草田均有主家，每到秋末冬初，准备建房渔民预先向草田主家订购若干亩草地，称为"点草"，雇请草工用长柄大刀割草打捆，然后用牛车拉到渔村屋基堆垛备用。

草匠师傅一到工地，他们先将茅草用水淋透，然后"品草"：把湿茅草扎成一个个小捆，用"草扒儿"理顺后再用"扑板"反复地拍打，使每一捆的茅草根基部都成为大小划一、严严实实的"品"字形，然后扔上屋面，草头向里，草根朝外，解开铺平、堆盖在已经摊上一层胶泥的芦帐上。草把一捆紧压一捆，密密实实。有的人家还要加盖一层，称为"两道檐"或"三道檐"，草面厚达70厘米以上。草匠的好坏，就在于盖的房子是否"免漏"。他们都十分尽心，生怕坏了名声，砸了饭碗。盖三间草房，总要七八个草匠起早贪黑、弯腰驼背干上两三天。完工后吃了"待匠酒"才收下工钱，结队回家。草扑屋的屋脊极为厚实，也很费茅草，压脊就是将成捆茅草一捆接一捆紧密压在一起，与瓦屋脊一样，也是从两头向中间堆压，最后在屋正中合龙。屋脊两端高高翘起，类似"元宝"的两只角，这两只角上还要用石灰浆厚厚涂刷一层，既为保护屋脊，也为美观装饰，不经意间成为南黄海渔村民居的一道独特景观。

草扑屋的墙壁分两种，资金稍宽裕的打土墙，挑土夯土打墙铲墙，用工较多，但墙基厚达67厘米的土墙坚实耐用，遮风挡雨，一般十年八年才需换一次墙土。一般人家则多用海滩芦苇编成帐笆作墙，外涂一层厚实的泥浆，干后亦可遮挡风雨，但保暖程度较差，且容易朽坏。草扑屋一次用草量相当大，总要装几牛车之多，却能住上十几年才需换草，是农村中除少数砖瓦房之外较好的住屋，土墙扑屋，保温性能极佳，冬暖夏凉。

一般农民家庭，则多住三间草屋，与草扑屋最大的区别在于屋面铺盖仅为薄薄一层乱草，用不起红茅草，只能以杂草或麦秆草铺盖，为防大风，需用草绳网或破旧渔网片罩住屋草，再加破缸片镇压。这种简陋草屋，一般两年就要换一次屋草。

旧时生活特别贫困的农民家庭，只能住一种结构最简单的草屋，本地人俗称"丁头虎"。海安如东沿海地区农民渔民居住较多。"丁头虎"茅草屋是根据此地常年刮风的方向设置的，基本为南北向，这样既可以挡住海风，又不受冬天西北风的侵扰，寒暖夏凉。"丁头虎"的宽度根据家庭经济能力、人口多少，一般有好几种规格，但不管哪种规格，每一种规格里都含有"6"，寓意福禄双全，表示人们对美好生活的向往和憧憬。

"丁头虎"草屋通常为一明一暗两间屋，房顶铺盖茅草，用绳网罩住。墙为芦苇帐笆。大门向南开。屋后东侧为灶台，正中为饭桌，进深3~5米，宽约3米。明间隔墙也是帐笆，西侧有小门通向卧室。

屋前有数丈平地，是全家主要活动场所，平地前为一片开阔地，是主人种口粮庄稼的地方，地尽头是一条小河。屋之东有鸡舍、东北有厕所和猪圈，屋之西有牛棚，牛棚后有仓库放干草和粮食；屋后五步外种一圈竹子，外圈种有许多大树，可挡部分海风。

"丁头虎"三字很形象，因其屋形态前后呈长条形，屋的顶端正中开门，如老虎嘴，整个房子恰似一只卧虎。20世纪40年代前，这种"丁头虎"草屋占整个南黄海沿海渔村约4成民居以上。20世纪50年代后期，"丁头虎"逐渐消失。草扑屋也于20世纪80年代初开始消失。

21世纪以降，海陵东乡城镇居民大多在旧城改造中迁入现代居民小区多层或高层住宅楼。乡村民居从20世纪80年代开始，经过几次更新翻建，从最初的红砖洋瓦屋到青砖小瓦屋，再到上下两层简易楼，现在已大多为外墙瓷砖、屋顶琉璃瓦的别墅式小洋楼，仅从农民住房便可见改革开放带来的农村巨变！

吃早茶

扬州人有"早上皮包水，晚上水包皮"之说，所谓"皮包水"是指吃早茶，"水包皮"则是泡澡堂。海陵东乡城镇居民也深受其影响。

吃早茶，与江南吴地人早上坐茶馆喝茶大不相同，所谓吃早茶，实际就是吃早餐，因此，都是在街边或巷口小饭馆，自带茶杯茶叶，饭馆提供开水，泡开后，叫上两只刚出炉的烧饼，一碗洒了切碎的紫菜、萝卜干、皮蛋及白虾皮的豆腐脑，趁热吃。这是大部分人常年吃的早餐食谱。也有一些讲究的会应时换换口味，吃几只蟹黄包子，不过价格要贵过烧饼许多倍，只是偶尔为之。平常讲究点，可在等烧饼出炉前，先点一小碟子烫干丝作茶点。干丝是把豆腐干（俗称茶干）用薄刀切成丝，开水烫过，在瓷碟中堆成塔状，上盖一层鲜姜丝、葱丝，吃时淋上小磨麻油、酱油、香醋，吃时筷子搅拌一下即可，与茶极为相配。

  烧饼为东乡城镇居民早茶主要面点，故此地烧饼做得都很讲究，酥香可口，为外地所谓烧饼者不可相比。

  东乡旧时的烧饼店，大体上分为两类。一类是草炉烧饼店，草炉用砖砌成壁炉式，燃料用的是小麦秸秆，所烤出来的烧饼，名为"草炉烧饼"，多为海安及如皋西乡人所经营，因草炉占地，故一般店面较大。草炉烧饼因是麦草烤制，故烧饼特香，但这种"草炉烧饼"现在做的人不多了，几乎就要失传。另一类则是常见的炭炉烧饼，炭炉是用小砂缸，倒嵌过来，敲掉缸底，圈成木桶式，成为口小、腹大，可移式烤炉，燃料多为敲碎的土煤，兑水成比例，用勺撇出成月牙形的煤块，加以暴晒成胚。所烤出来的烧饼，名为"擦酥烧饼"，店面较小。现在此两种烧饼店都统称为"草炉烧饼"，以区别于电烤箱平烤出来的所谓烧饼。目前"草炉烧饼"技法，大抵还能遵循古法，但已有所改进。每家烧饼店都有口直径约六七十厘米长的大铁锅，购得上好猪板油及生猪肥膘，以少许农家生榨菜籽油做油引子，猛火翻炒一篮筐猪板

草炉烧饼

油和猪肥膘,半个时辰就可炼出猪油并得其油渣,此猪油渣为制作烧饼不可或缺的主要馅料,也是东乡烧饼酥香可口的主要秘诀之一。

继之温水和面,搓为柳絮状盖纱布发酵。开市后,常为两人合作,多为夫妻、兄弟、父子为之。白案者揉切面剂,包入两种菜底:切圈本地小葱和根据季节而定的时令菜蔬(韭菜或榨汁萝卜丝)伴入猪板油丁子。少顷,手持响子(即走锤,滚轴擀面杖)旋擀出三四寸大小的扁圆饼子,烧饼多为甜、咸二味。如若包出甜咸和味,则谓之龙虎斗,呈椭圆形状。面撒芝麻,饼底沾水,贴在炉壁上烤成,面呈焦黄而不枯,除饼底稍脆硬而外,余皆松软可口。倘若饼头破小口,呈焦糖色,可谓饼中之仙,老辈人唤名"开口笑""朝天门"!

吃烧饼很有讲究,外带回家要用竹篮子,小竹饼子(小竹筛子),最不济也要纸包,因为烧饼高温后容易受潮,烧饼回软,不再酥脆!东乡人吃早茶一般围炉吃饼,便基于此因。

烧饼分文吃和武吃。文吃,顾名思义为清茶一杯,慢嚼烧饼;可是武吃,估计很多人莫名其妙,前所未闻!其实武吃是过去旧时大户人家,对生活的极致要求的体现,祖荫商宦,突觉清茶烧饼,过于单调,试吃百法,百试得出一法,便是大骨熬汤,撇开油沫,吊汤洗底,三出三进,最后辅以香芹碎末或蒜花增味!以此汤过烧饼,相得益彰,香而不腥,浓而不腻,可谓食中至味。所谓武吃,于今只成一种记忆或传说了。

与吃早茶相对应的是吃晚茶。与早茶即为早餐不同,晚茶并非晚餐,而是下午三四点钟介于中餐与晚餐之间的一顿,与西方国家所谓下午茶类似。东乡农村土话也有叫作"吃垩顿"的,意思为额外增加的一顿。晚茶也以面点为主,其中海安角斜、如东栟茶等镇烧饼店专有一种供应晚茶的面点——斜角。斜角其实与烧饼同类,或者说是烧饼的另一样式,将原本擀成圆形的烧饼擀成长方形,然后用刀斜切成菱形,贴在炉膛内烤制而成。不过斜角的包馅要比烧饼简单,也无须插酥,一般以盐水加少许葱花,甜味的刷一层糖水即可,面上也无须撒芝麻。晚茶不讲究,纯为填饥,故这种价廉的斜角颇受一般老百姓,特别是劳力者喜爱。但也有讲究的,吃斜角时,到附近卤菜店切几角钱卤猪头肉,将斜角半边破开,夹进几片猪头肉同吃,外脆里油,口味特佳。

正餐之外的"垩顿",还有半夜时分的"夜伙",即夜宵。20世纪海安镇来往饭店的"夜伙"——咸泡饭特别受欢迎。咸泡饭其实就是半碗冷饭锅巴加上一勺青菜头、小肉圆、蛋块、肉皮等杂烩下锅同烧,但口味较之杂烩汤尤佳。现在没人再去吃这种咸泡饭了,但咸泡饭已经演变成了一些饭店餐馆的名菜"三鲜锅巴",人们吃夜宵也多去麻辣火锅、牛肉拉面及烧烤等大排档了。

泡澡堂

每当步入隆冬时,也是小镇上浴室,俗称澡堂子最热闹的时候。

旧时澡堂分普座、雅座。进去需在售票处购买浴筹,浴筹为约10厘米长一拇指宽竹片,烤火杀青,涂朱漆于刻有店家名号之上!起防伪、供跑堂师傅识别普雅之分作用。

随之推开有三四厘米多厚的棉胎布门,便进入了浴池,迎面便是客气十足的吆喝,"有客到呃,师傅呃,马筹介我,搭刻还算头汤"(有客到,师傅把筹给我,此刻还算是头汤),头汤指的是浴池刚烧开的池水,没被人使用过。递上竹筹,跑堂师傅会引客到大厅,厅内一字排开几十张长躺椅,椅与椅之间有个茶几,供客人摆放茶杯、烟缸等,下设痰盂。躺椅上铺着一块蓝白相间的罩布,躺椅底部有个更衣箱,用来存放客人的换洗衣服。若有客人穿有呢大衣,厚棉袄塞不进箱子,只见微笑赶来的跑堂师傅手持约半丈多长木叉竿,熟练叉起衣物,伴随"蹭"的一声,把衣物如巡航导弹般精准挂在木楔子或晾绳上,绝不拖衣带水,此举一劳两得,既能节省空间,又能防"梁上君子"。

  换上拖鞋,过去多为木屐,20世纪70年代换为塑胶拖鞋,推开木制的厚重浴门,只见两三池子里水汽蒸腾,氤氲弥散在整个浴室,得道浴客称其为"水暖汽圆"。人跳入汤池,温暖微烫的池水拥抱周身每一寸肌肤,驱走了所有的寒冷,让人浑然不觉地忘记了外面的冰天雪地。真有一种"四海皆冰轮,唯我沐春水"的感觉,墙壁上钢丝罩兜住的灯泡散落下昏黄的灯光,看见角落里有个烫水池,上面罩着厚木制成多个田字形的木桶,一股股蒸汽从桶下蒸腾,化成雾,听闻这种热气熏蒸能治疗很多疾病,横七竖八地躺着很多人,有的在呻吟,有的在养神,有的在哼小曲,也有人用毛巾折成带状沾着滚烫的热水烫脚丫子,龇着嘴不时传来"fo,fo(土话拟音词),好烫,妈麦,真舒服"。

  通常洗浴都在大点的池子,因为它水温适宜,可泡二三十人,你可坐在池边洗浴,也坐在池边台阶上半浸泡,也

泡澡堂

可一股脑坐在水中浸泡,只露出个头,泡得人面红耳赤,通体红彤彤的,活脱脱像个油焖小龙虾。

当你在这温暖惬意的汤池里快睡着的时候,"师傅!过要擦背啊?"这是搓背师傅问你是否要搓背,师傅一瓢热水浇洒在宽口的池边,澡客躺在上面,他弯腰弓步从头到脚,上胸下背,哼哼噗噗全身用力把客人搓得是快意阵阵,似醒非醒,似睡非睡。当你快要睡着的时候,他会轻拍你一下,接着用热毛巾盖在你的手背、脊背上,由轻到重,上上下下拍打,若有同行也在服务,那噼里啪啦的声响如民乐大会上的交响乐在演奏般,当你享受着这一切的时候,你周身血液循环,力道反馈给你快要被冬眠的细胞,顿时你会感到无比的舒畅!

当你淋洗干净,浑身热气护体刚要到躺椅的时候,澡堂子还有一项"热水把子"服务,那就是为顾客擦干身上的水分。跑堂的师傅立时拿出两条热毛巾来:一条毛巾用右手食指旋转起来,手指一抖,毛巾就正好"旋"向你来,你接住擦脸、擦脖子;他用另一条毛巾帮你上下擦起后背来。这种热水把子可是个纯手艺活,非今日机器所能为,在门口有个热水灶,里面有沸腾的滚水,他们先把湿冷的毛巾一层一层码放整齐,然后在灶旁双手揪住毛巾对角两端,缓缓浸入滚滚沸水中。算足烫水吃透,便立刻拎起,斜向交叉捺在案上,紧紧挤压,把水绞干。然后抠住毛巾一边,翻卷前推,轧成圆棒。回到工作台,再盖上别的毛巾保暖。这样既卫生又保温。

干身后躺在椅上,师傅笑面提着大茶壶,冲出长长水柱,往茶几上放好茶叶的茶杯里注上开水,说一声"您慢用",随之他匆忙热情地穿梭于人群中去服务下一位浴客,而此时经过热水浸泡后,正是口干舌燥的时候,品此香茗,可谓生津解渴正当时!

少顷,师傅又会递来热水把子,让你擦擦,顺便问道

"过要修脚、按摩",要是你想修脚,说上一声,很快来了个戴老花镜的师傅,拿来一盏低脚座灯,放在你的躺椅前照明,然后用他手上的各种修脚刀具,认真、细心地给你修起脚来,去厚皮、挖鸡眼,此时,也是街邻巷友开联欢会的时候,下象棋的吸引众多"诸葛亮"在旁观战,但要"观棋不语真君子,落手无悔大丈夫"。大多数澡客操起东乡土话,此一句,彼一句,谈天说地。最后伴随着一声"将你军",围观者欢声笑语,乡里乡亲地互相打招呼散场,有老者腿脚不便的,大家会接力般搀扶送回家。大众百姓的浴池,洗去了凡间的尘垢,温暖了人的心情。随着时代变迁,老澡堂子日渐式微,退出了视野,取而代之的是某某会所、某某中心的新型洗浴休闲场所。

渔 俗

　　海安、如东沿海地区渔民习俗因海上渔业生产与陆地农业生产完全不同,因而有其特殊性,特别是如东县海岸线长达百余千米,从事海上渔业生产的渔民众多,因此,渔俗成为海陵东乡民俗的一个重要组成部分。

钉喜钉

　　钉船(造船)选择黄道吉日开工,木工在将船底拼合好与安排大桅座的第一道大梁时,船主在船头摆香案,放鞭炮,鼓乐齐鸣。领作师傅此时手执斧头在横梁安装桅杆的方孔两边各钉一根大铁钉,称为"钉喜钉"。领作师傅(俗称"大樯头")一边钉喜钉,一边高声说"歌子",亦称说"富贵":"天上金鸡叫,地下凤凰啼。今是黄道日,正是铺置时。"最后恭喜船主,满舱而归,财源茂盛,万事如意。

闭龙口

　　钉船上大肋时,船底的纵横两条中线与横板结合部称龙口。船主此时将预先到银铺订制的小银龙放在龙口上，封闭在木缝里，此为闭龙口。闭龙口时，船主焚斗香，放鞭炮、烧纸马利市。领作师傅说"歌子"。

上金头

整个船体结构完成，安装船头挡浪板，称为上金头。木工选用槐木或楠木（此二木象征福气）作金头用料，一图坚固耐用，二图吉祥顺遂。桑木虽更为坚固，但谐音不吉，忌用。金头上雕一对龙眼。龙眼上侧钉一根铁钉，俗称元宝钉。钉上挂一束红绿布条，俗称彩子。龙眼涂成白眸黑睛，领作师傅取一只打啼的活公鸡的冠血，用毛笔点于龙眼正中央，为之开光。船主烧香磕头，鞭炮鼓乐，一切如仪。因此仪式实为新船竣工，故最为隆重。开光之后，领作师傅腰束青布围裙，脚踏竹梯，一边从腰裙兜里掏出双鱼馒头、状元糕和铜钱向外抛撒，一边高声说歌子：

　　脚踏金梯步步高，
　　财神老爷把手招。
　　新钉宝船长八丈，
　　鲁班师傅开口笑。
　　满工正逢紫微星，
　　合龙恰遇吉时到。
　　采得西山龙岗木，
　　选得东海龙宫宝。
　　头舱是个聚宝盆，
　　中舱装的金元宝。
　　艄舱载的是金牛，
　　满船宝物金光耀。

随后，领作师傅给新船取名。

冠戴

新船竣工，择日进坞下水要举行冠戴庆贺。船头设香案，烧宝塔香，船主摆上茶、盐、米、面四碟供品，鼓乐鞭炮。船主拿出抛舱钱，装在笆斗里交给领作师傅。冠戴的高潮即为抛舱。领作师傅一手拿笆斗，一手抓钱，向船体各处撒去，边撒边说"歌子"：

一把金钱抛进舱，
马鲛鳓鱼尽船装。
二把金钱抛上梁，
金银财宝动斗量。
三把金钱抛上梢，
荣华富贵节节高。

领作师傅所说的"歌子"，海安籍著名语言学家魏建功先生曾考证为古代遗存之嘏辞，即祭者的祝福语。领作师傅说歌子以语言生动、嗓音敞亮、音调优美而为船主喜欢，多包喜钱。

供船模

新船首次出海，船主请领作师傅按原船样制作一只新船模型，写上船名，供于沿海庙内。

出海敬褚太尉

出海前，船主摆好香烛纸马，用熟猪头、熟鸡敬神。鸡头给船老大吃。猪头供在纸马利市前，求褚太尉指路保平安。船主宴请全体船员。酒毕，船主还要做米粉圆子给船员吃，称为顺风圆子。

祭船

船员上船后第一件事便是祭船。祭船用三牲，即猪头、公鸡、鲤鱼。猪头嘴巴里衔着一根猪尾，代表全猪。在船头贴符、挂红，燃香烛、放鞭炮。船老大行"照船礼"，在鞭炮声中，船老大把事先准备好的"财神把子"（即芦苇把子）点燃，先照自己双手及全身，再照每个船员，然后举着火把将所有船上物资照一遍，最后在船内、船外各个角落全部照遍，接着将剩下不多的火把扔到海里，边扔边说："一切晦气给大老爷！""大老爷"指大鲨鱼。鲨鱼是渔民最忌讳的凶鱼，晦气给了大老爷，渔船就平安无事了。"照船礼"实际上是船老大在出海之前对渔船各项准备工作进行的最后一次检查。祭船仪式结束后，供品由船员分吃，但那条猪尾巴一定要留给船老大吃，据说，猪尾巴是海中赶鱼的鞭子，船老大吃了，便可把鱼群往网中赶。

春节挂红

大年三十中午，全体船员汇聚船头，船老大燃起香烛，手捧三牲，面向大海，敬奉海龙王和天后娘娘、褚太尉。然后，船老大将公鸡杀了，把鸡血从船头一直洒到船尾，谓之"挂红"。

挂红结束后，全体船员吃同心酒。酒席上把敬神三牲做成菜肴，借沾神灵之气以禳灾。吃过同心酒，船老大带领船员在船上贴春联。渔船上春联不同于陆上住家对联，大多是单联，内容也与陆上住家对联决然不同。大桅上贴"大将军八面威风"，二桅上贴"二将军开路先锋"，梢桅上贴"三将军顺风相送"，四桅上贴"四将军满载而归"，五桅上贴"五将军五路财神"。在舵杆上贴"掌兵元帅"。在锚杆上贴"铁将军压阵"。在船两侧橇板上贴"左青龙""右白虎"。从桅杆顶端向船四角拉上五色彩旗带。桅顶竖起彩幡与顺风旗，顺风旗上扎着一把芝麻秸，预祝来年日子如芝麻开花节节高。

满载会

春汛首航要做满载会。做会由当地僮子主持，先请船老大穿起长袍马褂，燃烛上香，叩拜龙王，然后举行"破膀"仪式。船老大卷起左袖，用右手举起僮子的长方形带环"圣刀"，将左臂划破，招呼众人来看兆相。如果出血是一点点地起泡，这叫"鱼泡"，是鱼货旺盛的丰收吉兆。若血流的印痕不长或流出分了岔，便称为"豁梢"，俗认为是歉收的征兆，马上要由僮子来做法事破解。

烧汛头

烧汛头一般春、秋各一次，仪式较简单，仅烧香点烛，设供跪拜。

盂兰会

早春不出海时，有些船主还筹资延请僮子做一场盂兰会，以斋孤救赎在海难中去世的渔民。在海边空地搭起高台，挂起彩幡，由僮子跳神驱鬼，烧经发表。法事仪式结束后，僮子通夜演唱宝卷戏文，如《觅渔郎》《耿七公》等，娱神娱人。

禁忌规矩

南黄海渔民长年海上作业，出入于惊涛骇浪之中，生命安全常悬于千钧一发之间。为求吉利平安，渔民对生产与生活的细节就特别注意和讲究，这些注意和讲究又与神灵崇拜糅合在一起，便形成了诸多的禁忌习俗。

代称

钉船是渔民一生中最大一笔财产支出与固定资产投入，且直接关系到渔业生产的丰歉与日后的财富收入，故特别重视。所有钉船工具、材料均寓意吉祥。斧子称为"代富"，凿子称为"锶子"，绳索称为"千金"，梯子称为"步步高"。木头节疤称为"顺遂"，榫茆称为"富子"等。

渔民生活中，一般代称有：谐音字回避，如帆称"篷"，帆布称"抹布"，饭称为"厚粥"，吃稀饭称为"平碗"，吃干饭称为"尖碗"，番芋称"地瓜"，因渔民最怕船翻，故忌翻字及谐音。伞称"雨盖""拢子"，船主不能称老板，只能称"主家"，避船散"捞板"之忌。

不吉语回避。如物体放倒称为"小"，雾称为"挂帐子"，船下海称为"出海"，船靠港称为"收岸""拢港"，船舱渔货卸完称为"满了"，船舱盖板称为"平板"，盖舱板称为"满起来"。锅盖因有翻扣意思,代称为"捂气"。渔民如遇物件从上面掉下来,不管是否打到人,均要高喊"打到了!打到了!"意为出海打到鱼。

避讳

数字忌讳。清明前后,渔船择日出海,忌农历七、八两日,因七、八两日不吉。七谐音"气",八则形同女人阴部。船家七日不出海,八日不回港,俗称"七不出八不归"。十四、二十四亦为不吉数,同为不可出海日。根据渔船大小、出海远近及捕捞目标配备上船人数,多为9人、11人等。忌8人、10人、14人。如果船上人数为忌讳之数,则可带一只小动物如鸡、猫、狗随船出海,充当一人之数。如果顾及小动物上船麻烦,则以一顶帽子戴在船的千斤桩头上,也可算作一人。

忌三代同船。不允许祖孙三代同上一条船,即便船老大经验十分丰富,也不可以同自己兄弟、儿孙同船出海。因海上风险过大,避免全船覆没,灭门绝户。

生活细节。船员衣服补丁颜色要相近,补丁要方正,不能歪斜,此称"顺风顺水"。船上不能借东西。船上之物只准进不准出。船员上船很少洗脸洗脚,以节约淡水。船上一切残汤剩水,都不能倒入海中,要聚在缸中,带回陆地倒掉,这实际是保护海洋环境的一种很好的习俗。

船员平日伙食主菜,靠海吃海,当然以鱼为主,所谓"出水鲜"。出海第一次吃鱼,要由船老大拿到船头,向龙王、海神祷告,感谢神灵赐鱼给小民享用。吃饭时,鱼头朝向船老大,其他船员只能吃自己一边的菜,如伸到对面揲菜,称为"过河筷子",船上忌讳"过河",若发现有"过河筷子",船老大要立即夺下船员手中筷子,扔到海里破灾。吃鱼时,上半面吃好了,拎去脊骨吃下半边,绝不能翻动鱼身。吃饭的碗、盛饭的盆都不许口朝下放。筷子不许横搁在碗上,以避"搁浅"。吃完饭,将筷子顺着甲板方向向前移动一下,称为"顺风顺水"。

　　船员不允许翻卷裤脚衣袖，天气再热，也不允许脱光衣服。从头上摘下草帽，也不能倒扣着放。不允许在船头或船两侧小便，须到后梢厕所方便。船员睡觉时，只能侧身睡，不能仰卧或俯卧。忌坐在船上双手抱腿，或两手托腮，也不能将双手握在背后。坐时两腿不挂舵。船员在船上不准赤脚，一般均穿蒲鞋。无论天气如何，都要戴帽子，不能光头。腰间要系一根罗腰绳。不准在橹前打水。上下船均须从后舷处，不能从船头跨上船。船的右舷是下网、收网之处，称为财神门路，不允许堆放杂物，以免挡了财路，实际是一种严格的生产制度。

　　船头最大的铁锚称太平锚，平时不许动，只有在风大浪高处于危险时才抛下太平锚。船后有一只很大的竹编漏水大篮，称为太平篮，也只有在狂风恶浪时才把太平篮放下船后水中拦水，以减缓船身在风浪中的摇摆度。头舱有一把长柄大斧子，称为太平斧，在危急关头用它剁断锚缆、砍断桅杆。船中有一个不大的舱，称作太平舱，专装落水尸体。船在海上，船员目视前方，附近一切漂浮物都要视而不见，不准打捞。若有浮尸近船漂过，全船喊："元宝！元宝！"如果遇本地人的尸体，决定打捞要喊："拾元宝！拾元宝！"捞上后放在太平舱内，用盐腌着运回。

过　冬

　　冬至节，东路人习称过冬，并且分为大冬、小冬，冬至当日称为大冬，前一天为小冬。"大冬小年"，东路人对过冬很重视，把过冬当作过小年，于小冬晚上隆重祭祖，相当于年节除夕夜祭祖的预演。

　　大冬早晨，家家户户吃圆子，与正月初一习俗类同，也是过小年的意思，团团圆圆，吉祥如意。

过冬圆子的制作过程旧时比较复杂，主要在糯米粉的准备方面。旧时糯米粉完全靠人工舂制，非常费力。糯米淘净晾干，上碓臼舂制成粉，东路人称之为"磕屑"，糯米粉习称"糯米屑"。碓身为一块长约3米的坚实老树干，锯成长方形，头部较大，下竖一根0.7米长圆木柱，圆木柱底部嵌装铁齿，铁箍套牢，称为杵，碓杵直伸埋放在地坪上的石臼内。碓身中部两边各装一只可以支撑碓身活动的杠杆，称为碓耳。碓身尾部扁平稍细，底部地面铲洼，便于碓尾下踏。"磕屑"一般需3人配合，一人管碓头，负责碓臼内米屑添加，堆扫，归拢到碓臼中心。两人管碓尾，并行而立，一人用左脚，一人用右脚，同时使劲踩下碓尾，使碓头高高抬起，又猛然松脚，让碓身回位，碓头向下重重砸去，碓齿便将米粒砸碎。如此循环往复，碓头便连续上下磕动，在碓臼内舂制米屑，故称"磕屑"。

过冬圆子大致分为三种，即实心圆子、包心圆子、叠屑圆子。实心圆子完全用米粉搓成，沸水下锅，浮起即捞，盛在青花细瓷小汤碗内，配以一碟绵白糖，趁热蘸糖吃，甜糯可口。包心圆子即包馅圆子，一般以芝麻、豆沙、猪油、糖、桂花等制成馅，米粉包裹，搓成圆子。叠屑圆子生产过程较复杂，先将馅料团成小圆子，然后放在簸箕内，撒上米粉，

叠屑圆子

冬至汤圆

摇动簸箕，使米粉裹上馅料，如此反复簸叠，使米粉越裹越多，最后成型，故称叠屑圆子。叠屑圆子口感很好，但工序复杂，现在已很少有人会做了，海安城区有少数人家还有传承。

　　过了冬至，很快就进入腊月黄天，年节的脚步声越来越近了。